阅读成就思想……

Read to Achieve

Headhunters Say

Make Every Job Change a Leap Forward

［加］高萨 著

猎头说

让每一次跳槽都能实现跃升

中国人民大学出版社
·北京·

图书在版编目（CIP）数据

猎头说：让每一次跳槽都能实现跃升／（加）高萨著． -- 北京：中国人民大学出版社，2025．2． -- ISBN 978-7-300-33523-0

Ⅰ．C913.2-49

中国国家版本馆CIP数据核字第2025G2V637号

猎头说：让每一次跳槽都能实现跃升

[加] 高　萨　著

LIETOUSHUO : RANG MEIYICI TIAOCAO DOUNENG SHIXIAN YUESHENG

出版发行	中国人民大学出版社		
社　　址	北京中关村大街31号	邮政编码	100080
电　　话	010-62511242（总编室）	010-62511770（质管部）	
	010-82501766（邮购部）	010-62514148（门市部）	
	010-62515195（发行公司）	010-62515275（盗版举报）	
网　　址	http://www.crup.com.cn		
经　　销	新华书店		
印　　刷	天津中印联印务有限公司		
开　　本	890 mm×1240 mm　1/32	版　次	2025年2月第1版
印　　张	7.75　插页1	印　次	2025年2月第1次印刷
字　　数	176 000	定　价	69.90元

版权所有　　侵权必究　　印装差错　　负责调换

本书赞誉

《猎头说》是一本出色而引人入胜的图书，它为猎头行业的客户和候选人提供了实用建议，将其中的智慧娓娓道来。作者深厚的专业知识和讲故事的能力，使这本书成为在猎头行业寻求成功者的必读之书。

詹姆斯·盖瑟科尔（James Gathercole）
上海澳洲商会董事会成员及人力资源委员会主席，
海德思哲顾问公司前合伙人

即便是优秀的高管，也可能在职业规划或与猎头顾问沟通时感到被动或茫然。透过本书，我们可以在看似随意的对话中触摸到很多实质性内容。

陈沐暄
光辉国际大湾区业务董事总经理

作者以猎头视角描述了高管如何规划和管理职业生涯，以及如何更有效地与猎头互动。作者为高管们提供了很多实用建议和考量角度，帮助他们在职业转型过程中做出符合个人情况的最优选择。本书不但讲述了如何全面评估职业机会，也提醒了如何识别和分析潜在风险。雇主企业也能通过此书了解在高管选择过程中需要关注的要点及如何有效与猎头合作。

忻皓辉

阿迪达斯亚太区前人力资源高级副总裁

对许多人来说，高管招聘顾问公司低调而神秘，他们深谙市场动向，了解职业塔尖的内幕。我的近半职业生涯在跨国消费品企业负责人力资源工作，现在在复旦大学管理学院职业发展中心担任顾问，常和年轻人探讨职业选择和规划。对于这本书，我的第一个感觉是，不仅职场高管，还是 MBA 学生都应该读一读。作者基于招聘行业多年实践及个人洞察所提供的建议，对在职场打拼或准备进入职场的人士都有借鉴意义。

戴青

伟事达中国合伙人及首席学习官

领导团队的建设始终是 CEO 们的首要关注点。作者以丰富的实战经验和深刻的洞察力，为企业高管招聘提供了新的视角和思路，是企业人力资源部门及 CEO 的参考好书。

余华

星巴克高级副总裁、首席伙伴资源官

本书赞誉

为有抱负的企业高管和领导者提供管理事业和生活的实用建议和原则,实现个人提升。

顾佳琳

历峰中国首席执行官

这是一部文笔流畅的介绍猎头行业的作品。无论你是职场小白还是资深高管,都值得细品此书深厚的职业发展洞察和人生思考。"每个人都需要一位招聘者",你需要这本《猎头说》!

卢瑛

家乐氏中国前总裁

就像管理个人职业生涯一样,运动员们也需要学会在追求卓越运动过程中运用这些方法,他们应该积极主动地管理自己的训练和运动生涯。我们必须为合适的理由、合适的团队和合适的教练比赛。作者不仅对职场高管们,也为运动领域的从业者们的职业生涯管理提供了精辟的建议。

丽莎·波斯蒂默斯(Lisa Posthumus)

美国斯坦福大学击剑队主教练

作者基于其丰富的职业经历,用细腻而锐利的文笔绘制了当代职场的生动图景。本书不仅是职场之旅的指南,更是对人性、能力与机遇的深刻解读，值得细细品味。

> 吴春华
> 不列颠哥伦比亚大学、尚德商学院副教授

通过讲故事的艺术形式揭示职业成功之道，为年轻人提供了职场发展的独特指南。

> 王尧
> 伯克利音乐学院电影作曲专业副教授

有意味的形式，有意思的对谈，源自实践，聚焦职场，生动鲜活的影视可转化故事。

> 李九红
> 编剧、资深电影人

本书的每一章都引人深思，让我们不仅探寻职业之路，还反思人生与工作的更深意涵。职场人都应该读一读这本书，从中汲取智慧和灵感。

> 高梅
> IDG 资本合伙人

前言

在高管招聘（executive search）领域十多年的工作经历中，我有机会见证了这个行业在中国的不同发展阶段，有幸和在中国市场工作的近万名中外籍职场精英们直面接触，聆听他们分享个人职场发展梦想和忧虑。我也通过在北美市场的招聘实践，有机会近距离观察和了解海外市场高管的职场思维方式。过去几年，我一直希望能和大家分享在高管招聘领域的这些丰富经历和观察，希望能以不同方式帮助寻求职业发展的群体，但这个想法却因个人懒怠，迟迟未能推进，直到近年才终于动笔。

高管招聘是招聘行业的一个独特领域，主要聚焦于企业高层管理岗位的人员组建。如果以修建金字塔为例，高管招聘顾问就是构建金字塔顶端的那些工程人员。但是，高管招聘领域的经验和知识可以延展运用到职场发展不同阶段的人员身上，而且越早具备这些知识，对职业越有帮助，就像职业联赛和低级别赛事，虽然存在差异，但职业联赛的诸多技战术能帮助那些低级别的球员提升。正因如此，从NFL、NBA到英超、西甲，每年都举办很多教练员和球员的培训课程与训练营。相信本书讨论的内容不仅对高管，对处于不同职场阶段的员工也会有所裨益。

不管是高管还是初入职场人士，猎头顾问是其在职业生涯中都会遭遇的角色。在招聘工作中，我发现很多职场人士对招聘顾问的工作缺乏了解。这种情况不仅在初入职场的员工中普遍存在，甚至在高管人群中也很常见。造成这种情况的原因有很多，比如与欧美市场相比，高管招聘在中国尚属新兴领域，猎头行业的从业者良莠不齐等。很多人不知道该怎么和猎头打交道，因为对猎头缺乏了解，甚至存在误解，致使招聘效率和成功率都打了折扣，还有一些管理者的职场个人品牌也因为和猎头合作不当而受到影响。

另外，在不同职业阶段，高管在和猎头顾问合作中，个人身份可能会在候选人和招聘方两种角色间转变，因此充分了解如何有效和猎头打交道就变得尤为重要，本书的目标读者不仅是那些想跳槽的人，也包括有招聘计划的企业主管。有些时候，高管们要同时扮演这两种角色——既在忙着招聘，又在考虑跳槽。

本书从高管与猎头顾问打交道的第一步开始，从招聘过程的数个重要节点分步讲述。书中涉及了数个不同话题，包括面对职场变化时高管应如何选择合适的招聘顾问；与猎头打交道的要点和必备知识；在面试、薪酬待遇谈判和职场经历调查等招聘流程关键环节的应对法则；跳槽过程中鲜有被关注的议题，比如终止退出招聘，和上岗后头 90 天等内容。

除此之外，我还在书中分享了一些关于管理职场个人品牌，以及学习讲述个人故事的观察和建议。这些话题在人力资源和招聘类书籍中很少被关注，也不是传统文化的强项，因此经常被国内高管在职场经营实操中所忽视。但从招聘领域的实践经验来看，具备这些技能至关重要。

在职场内卷加剧的当下,学习主动经营个人品牌的重要性日益凸显。

本书还提供了高管与招聘顾问沟通互动的若干建议,并不局限于在找工作或跳槽时该如何和猎头打交道,而是从长期职业规划的角度出发,讲述职场人士应如何处理与猎头顾问的关系,让猎头顾问在你职业生涯的长期发展中扮演一个积极和有益的角色。

需要说明的是,这本书不是干货工具书。互联网时代的知识早已碎片化,各种资讯唾手可得,以追求高效速成、拿来就用为目的的干货贩卖,只会促生更多焦虑和贪婪。没有善意动机的沟通,无法真正提供切实利益。因为上述诸因,这部作品的最终呈现与同类题材书籍颇为不同。在写作过程中,我参与了一些其他领域的活动和项目,包括亚洲传统文化、心理学和个人旅行等,我发现有很多来自这些领域的知识能深度助益职场人士,在书中也略有涉及。

举例来说,随着职场发展跃升,很多高管进入了不同的人生阶段,他们需要不断调整,以应对来自多方面的挑战,这些挑战不仅来自职场,还包括家庭结构、个人身心健康、行业业态、经济形势、个人学习能力等因素。职场生涯是一场漫长的航行,没有任何一段航道是相同的。天气、礁石分布、落差、流速等,所有这些因素时刻都在变化着。职场人士不仅需要学习主动管理个人职业发展,还需要学习并了解个人身心管理。

这些身心健康话题,比如传统东方哲学、正念练习和饮食旅行等,虽然貌似与职场高管日常工作并无直接关系,其实若从长期考虑,与整合职场管理密切相关。尤其是在当今职场内卷压力蔓延、焦虑日盛、职场心理问题频发的时刻,职场人士了解如何主动参与身心管理变得越发重要。实际上，在美国许多企业及高负荷运转的机构中，正念静坐练习非常普及。作为企业福利，很多硅谷和华尔街企业都为员工开设了相关辅导课程和静修空间，办公室健身房和正念空间共存的情况很普遍，而高中、大学开设正念课程相当常见。这反映了发达国家对社会各阶层，尤其对企业员工身心健康的关注度和认知出现了本质变化。这些内容在本书略有涉及，希望引起职场人士更多关注，我也希望未来能继续探讨这些话题。

简而言之，本书写作目的是通过招聘领域经验分享，帮助员工在其职场生涯的不同阶段都能有效与猎头顾问合作，让每一次跳槽都能实现跃升。这种跃升的实现，既需要职场人士了解招聘行业更多知识，也需要对若干技能和非职业领域的学习。基于上述意图，本书的写作形式和侧重点与同类书籍或有不同。

最后，这部作品得以完成，有赖于很多人的帮助和鼓励，我对他们的无私奉献表示感谢。本书表述的观点建议仅属个人经验分享，难免存在错误和不足之处，在此感谢大家的包容，并期待各界读者批评指正。

高萨

目 录

第 1 章　围炉夜话聊猎头　　001

第 2 章　如何区分好猎头和坏猎头　　029

第 3 章　该不该把猎头当朋友　　045

第 4 章　当猎头来敲门　　061

第 5 章　和猎头打交道时要注意的风险　　077

第 6 章　猎头能给你带来哪些价值　　091

第 7 章　跳槽与否，听听猎头怎么说　　103

第 8 章　猎头教你如何经营个人品牌　　119

第 9 章　别怕，薪酬谈判有技巧　　137

第 10 章　别慌，背景调查有门道　　153

第 11 章　有经验的面试者是如何做的　　165

第 12 章	毁约的代价	183
第 13 章	猎头的作用不限于招聘	195
第 14 章	每个 CEO 都应该成为猎头顾问	209
第 15 章	上任头 90 天的关键期	221

结语 233

第1章
围炉夜话聊猎头

这本书收录了某个冬天我在加拿大海岸山脉一处隐修林短住期间与一位年轻导演的对谈，每章后还附了一份导演根据每次对话总结的猎头话题摘要。老实说，开始我对是否要把这些内容公开有些犹豫，因为我不确定是否有人会对这些内容感兴趣。但是，旅行结束时发生的一件事，最终促使我决定将这段经历记录下来并分享给大家。

我会在书中对此进行——解释。先说说那次旅行的背景吧。

那年冬天到来之前，我正犹豫是否要辞职。当时我在一家世界知名的高管招聘跨国企业的中国分公司就职。我在那家公司工作了十多年，经历过数次机构变化，包括重组、迁址和在华业务扩张，也见证了国内许多跨国企业和本地企业（民企和国企）的发展变化。高管招聘行业的高负荷工作状态，加上国内市场持续的快节奏，终于令我感到有些疲倦。当我正犹豫何去何从时，住在美国俄勒冈州的朋友黎明邀我去美国短住，我便接受了邀请。

旅途中，我要在加拿大温哥华机场转机。在机场咖啡厅候机的时候，我打开手机回复邮件。此时一位翻着小册子正等咖啡的游客引起了我的注意。那人身材不高，气质优雅，披着斑斓条纹的墨西哥赛拉普披肩,宽檐帽一侧插着根黑色羽毛,帽檐遮住了半张脸。那人离开时手册掉落在了地上。

"喂,您的书!"见那人就要走出咖啡店,我急忙提醒。那位游客似乎没听见我的话,径直离开了。我拾起那本书好奇地翻看。那是本关于惠斯勒(Whistler)雪山的旅行指南,是那种在国外机场、车站随处可见的当地观光宣传册。

惠斯勒雪山属于加拿大不列颠哥伦比亚省的海岸山脉(Coast Mountains),沃丁顿山正是海岸山脉的最高峰。惠斯勒距温哥华咫尺之遥,是北美冬季著名的滑雪度假胜地。

我被宣传册中的一张照片深深吸引住了,一座天蓝色湖泊如绿松石般嵌在雪山中。根据介绍,那是一处叫"岭"的隐修林,坐落在毗邻惠斯勒的某段山谷中。我突然产生了强烈的愿望,想到那里拜访。于是我拨通了手册上的号码,从电话留言信息得知,隐修林本周开放,可以接待访客。我想前往的念头变得更强烈了,便匆忙在岭的网站上递交了访客信息后,我致电朋友黎明,告知我将在加拿大短暂停留后再前往美国。

前往岭的道路颇为难行。我耗费了相当长时间,转了几次车才到达隐修林。我必须承认,其实一路上我曾经数次想打退堂鼓,如果不是对宣传册里那座绿松石般的湖泊念念不忘,我可能早已放弃,按原计划飞去美国了。

这个叫作岭的隐修林坐落在豪湾(Howe Sound)北部一处隐秘山谷的森林中。驾车需从高速公路转入山路,经过一段狭长坎坷的崎岖山路才能到达。

隐修林的中心建筑是一座单层平顶建筑，另外还有几座简朴的小木屋散落在周围的树林中。在茂密丛林的掩蔽下，要不是事先获知交通信息，很难发现这座中心建筑的所在。

我刚下车便听到一阵愤怒的咆哮声，一只黑狗从山坡上向我直冲过来。我慌忙拉开车门躲进车里。片刻后，咆哮声停止了，一张友善的脸孔出现在车外——一位戴红色绒帽的年轻女子敲了敲车窗，细长手指间还夹着香烟。她说："是高先生吧？我是托妮，欢迎来到岭。"

托妮是隐修林的华裔义工，会讲一口流利的中文。她一定是在网站访客登记里看到了我提交的信息，所以马上猜到了我是谁。在异国意外听到乡音，这让我倍感亲切。我从未见过托妮，却有种莫名的熟悉感，仿佛和家人重逢。托妮把我安顿在林中的一座独立木屋。这座雪松搭建的木屋还有独立卫生间。房间简朴而温暖，和平时出差常住的酒店截然不同，我很满意。托妮告诉我晚餐时间后便离开了。

加拿大的冬季日光短暂，夜幕降临后积雪的山林变得黑暗寒冷。放下行李，我前往主楼吃晚饭。岭的主建筑是一座西海岸建筑风格的小楼，楼的前立面霓虹灯标志牌上写着"清水剧场"，黑暗中紫色光芒的标志牌异常显眼。在远离都市的森林中，这座建筑有种魔幻现实感。

托妮带我在楼里简单参观。她说这座清水剧场是前业主修建的，他是位热爱日本文化的犹太裔富商，原本计划在此修建度假村，甚至因为酷爱电影专门修建了这座私家影院，并以他最喜爱的京都古寺命名，但是剧场还没完工他便破产了。地皮被出售后，剧场建筑得以保留，被隐修林改造为中心主体建筑，虽保留了剧场的外观和名称，但不再是影院。

第 1 章　围炉夜话聊猎头

建筑的前部是餐厅和公共客厅，后部是个大厅，精美的手工橡木地板上随意摆放着坐垫，墙上挂着几幅风景油画。正如典型的西海岸建筑，这座楼充分借助并融合了周围环境，包括林木、岩石和坡地，客厅内部分墙壁甚至有意展现了裸露的岩石。客厅一侧落地窗外有座雪松木铺设的露台，挑空的宽大露台外便是陡峭斜坡，仅靠交错的原木临空架设。托妮说那是清水舞台。托妮带我走进位于建筑后方的厅里，她拉开落地窗帘，窗外能看到远处湖面在夜色中泛着波光。她介绍说这个厅可根据访客需求安排活动，包括聚会、放映甚至小型婚礼。

参观结束后，我和托妮在餐厅吃晚餐。她说隐修林经理韦恩下山采购次日才能返回。隐修林只有我一位访客，这里冬天通常罕有到访者。晚餐时托妮告诉我，她八岁便随家人从西安移民来到加拿大，她上中学时家里又从蒙特利尔搬到温哥华。托妮是位导演，趁圣诞假期来隐修林做义工。当她得知我从事招聘工作后喜出望外，托妮说她正在写一个剧本，故事恰好和招聘行业有关。

吃完饭，托妮放下刀叉问我："您能不能说说猎头行业的事儿？我从来没和猎头顾问打过交道，也没在企业上过班，您给我讲讲，任何话题都行，说得越详细越好。"

我半开玩笑地答道："行啊，不过猎头的话题可不是一顿晚饭能讲完的。"

"没问题，要是您不急着离开，就在隐修林多住几日吧！圣诞节这里没什么人，韦恩肯定会答应的！"托妮热切地提议道。我笑了笑，不置可否。到岭之前我跟黎明打过招呼，告诉他我会晚几天到美国，具体日程未定。

晚餐后，我随托妮到剧场客厅聊天。托妮往厚实的铸铁炉中续了几块干燥的雪松木块，炉膛里本来已经暗淡的火光很快便亮了起来。夜晚的山林静谧无声，剧场里燃烧的木柴偶尔发出噼啪声。因为时差我感觉头脑有些木然，坐在炉边出神地望着熊熊燃烧的松木，像只慵懒的猫。火焰很快让屋里变得温暖。我感觉很久没这么放松过了。

时差带来的倦意袭来，我打了个哈欠对托妮说："你想知道什么就随便问吧，我知道的都可以告诉你。不过我得事先声明，作为猎头，虽然我对不少行业都略知一二，却没接触过电影行业，对剧本创作一无所知。不如这样，你先跟我说说你写的那部戏是什么故事？"

"好主意，"托妮放下咖啡杯开始讲述，"我正在写的是部个人成长题材的故事。主人公在美国毕业后选择追求摄影梦想，却被父亲要求回中国接管家族生意，僵持中父亲要他完成一项海外并购案，试图借此引他入行。主人公历经种种挑战，终于走出迷局。"托妮一口气说完了故事梗概。

"嗯，最终皆大欢喜，挺好。这部电影叫什么名字？"我客气地恭维道，其实我觉得故事一般，有点老套，而且托妮对企业运营好像了解有限。工作原因让我曾接触过一些家族传承的案例，的确有"富二代"拒绝接手家族生意的情况存在，但大部分不像托妮讲的故事这么励志，有的可谓触目惊心。不少案例里欧美名校毕业的"二代"和他们创业成功的父辈相比价值观的差别很大，他们的父母时常感叹子女缺乏目标感、危机意识和内驱力。

托妮解释道："不能算是大圆满的结尾，我写的这部戏不是个励志故事。名字暂定叫'雨巫'，因为故事的一位主要角色是绰号'雨巫'

第 1 章 围炉夜话聊猎头

的猎头顾问。"听完她的解释,我终于明白为何她想打听招聘的事。猎头行业的确有"雨巫"这种称呼,通常是指那些能给业务带来很大影响的猎头顾问。

托妮说:"戏的背景和招聘业有关,为了准备这个故事,我查了很多资料,始终没找到感觉。要是能听您讲讲真实的猎头经历就太好了。哎,您不介意我抽烟吧?"托妮从桌上拾起一盒烟问道。我摇摇头,没告诉她我几年前就戒烟了。

托妮打着银色打火机,点着香烟,动作娴熟。她舒服地把腿架在咖啡台上,靠在椅背上深吸了口烟。

托妮开始发问:"要不然咱们就从您的亲身经历开始吧,您是怎么成为一名猎头顾问的?"

我想了想回答道:"嗯,这个说来话长。很久没人问过我这个问题了。"

其实在我加入猎头公司之前,我从没考虑过进入这个行业。

在加入招聘行业前,我在跨国公司担任管理工作,做了近二十年。在企业工作时,我曾经和高管招聘顾问——也就是人们常说的猎头打过一些交道,坦白说那时我对猎头的印象不是很好。从我自己和他们打交道的经验来看,有不少猎头,甚至包括一些知名招聘公司的顾问,似乎职业素质参差不齐,虽然也接触过几个不错的猎头顾问,但整体来说,他们没给我留下很深刻的印象。我只是有种粗浅的认识:他们只是帮忙跳槽,仅此而已。

托妮弹了下烟灰,等我继续说。我便接着讲述我的经历。

***

我加入招聘行业比较偶然。当时有位叫老郭的猎头顾问打电话联系我。老郭来自英国,是位中国通,不但中文流利,上海话讲得也不错。他约我见面认识一下,我猜他打算推荐一个外部机会。那时我在一家知名的美资企业上班,对跳槽兴致寥寥。但当时我在那家企业已经工作了十多年,正处在职业发展的瓶颈期,有点彷徨和迷茫,所以我便答应和那位猎头顾问喝杯咖啡。

不出所料,老郭约我见面正是介绍一个外部机会,好像是家洋酒品牌的营销高管岗位,大概看出我对这个机会兴趣不大,老郭便问起我的职业规划。我并无答案,便回避了他的问题,把话题转向老郭,询问老郭为何进入猎头行业,猎头行业是怎么回事,等等。

大概因为我提了很多问题,包括猎头行业的问题,谈话结束前老郭突然问我是否有兴趣加入他就职的招聘公司。刚入座时老郭已经把那家公司的情况做了介绍——那是一家知名的高管招聘顾问公司,招聘对象基本以 C 级主管[①]为主,客户主要是跨国企业。

老郭的问题让我感到意外,我从来没考虑过改行做猎头。我以为猎头顾问从业者都来自人力资源背景的部门,而我一直在企业担任市场营销工作,从履历看似乎并不适合从事高管招聘行业。但出于好奇,也因为老郭出色的说服能力,我最终同意跟对方的中国区负责人见了面。一来二去,我加入了那家企业。

---

① C 级主管,即 C-suite,这个称呼源于企业高级管理人员的头衔。这些岗位通常以字母 C 开头,表示"首席",如首席执行官(CEO)、首席财务官(CFO)、首席运营官(COO)、首席信息官(CIO)等。

后来我才发现，高管招聘行业和我的理解并不一样：这个行业，尤其是顶级招聘公司里，很多招聘顾问并非来自人力资源部门，而是像我这样来自业务部门。很多资深猎头顾问都曾在企业担任副总裁级别的高管，入行前担任企业首席执行官（CEO）的顾问也不乏其人。

成熟市场的高管招聘行业里还有一个特色——非常强调专属行业经验。譬如一些特定行业，像金融、生物科技或高科技领域的招聘顾问，就很强调专业背景，所以不少猎头都来自这些行业，他们是相应领域的专才。老郭及其同事的介绍让我对高管招聘行业有了不同的认识。虽然没有了解过该领域，我却因为这些资讯对这行萌发了兴趣。应该说，他们在关键时刻接触并说服了我，因为我那时正在考虑职场发展的下一步规划。

长话短说。和老郭见面后，接下来我陆续和公司其他全球合伙人通过视频完成了面试。他们并没有把那些谈话叫作面试，而是称为介绍。

我跟全球不少主要市场的顾问接触后，更多地了解了高管招聘行业和企业的情况。回头想想，那其实是一组资深猎头顾问在考察候选人，并试图说服候选人加入公司的过程。

***

我回忆着入行猎头的往事，托妮专注地听着，偶尔抬头吐一口烟。"听起来像是个必然的意外。"托妮按灭了烟头，评论道。我倒是未从这个角度想过我的转行。可能搞艺术的人看事情的角度有所不同。

托妮发问："我能不能问一下，您当时是怎么想的？是不是有特别的原因让您改变了对猎头顾问的看法，让您觉得想尝试一下？"

我想了想，好像也没有找到具体的答案。我答道："没什么特别原因，大概是因缘具足吧。当时我的确在考虑职业前途，我在当时就职的公司已经待了很久。毕业后我就开始做营销，老郭找我时，我在营销领域已经工作多年，在全球顶尖的几家品牌公司和发展最快的市场都工作过，我感觉好像已经到了那条跑道的尽头，工作有点缺乏挑战性。"

"于是希望找点新刺激？"托妮问道。

我笑了笑说："新挑战吧。我不想未来只是在不断重复自己，想换条跑道寻找新经历，学点新东西。但那时我其实没有答案，而是答案找到了我。机会出现，一生二，二生三，一切水到渠成。还有个原因，是老郭和我见面时，大概发现我有做猎头的潜质，那就是好奇心、企业经验和爱提问题。在猎头的日常工作里，提问很重要。"

看到咖啡杯空了，托妮起身续杯。她问我："您要来一杯吗？清水剧场有上好的爪哇咖啡豆。"我摆摆手："我得应付时差，喝了肯定没法睡了。""好吧。"托妮自己倒了一大杯咖啡，又重新坐下。

我猜她是个夜猫子。我正好相反，晚上不到10点我肯定昏昏欲睡。她接着发问："做猎头这么多年，您应该阅人无数了，有没有谁给您留下特别深刻的印象？"

的确，从事高管招聘行业这些年，我面试过的候选人和接触过的客户数量逾万。无数张面孔中，很多人我都忘了，但也有些人因为各种原因令我印象深刻。我点头称是，说："的确有些难忘的人和记忆，有些愉快的记忆，也有些不那么开心。高管招聘这行类似管理顾问或律师等服务行业，面对客户时不是每次经历都让人愉快的。"

"有没有哪个找工作的人让你印象很深呢？"托妮继续追问。

我想了想回答："有。有个跟你一样在海外长大的华人，哈佛毕业的，他算一个。"

"就因为是哈佛毕业生吗？"托妮问。

"那倒不是。"我笑起来。托妮不知道，在我们这个行业，顾问们接触的通常是企业高管，候选人中具备优秀教育背景的数不胜数，单凭藤校的学历不会让候选人成为猎头顾问记忆深刻的人选。我记得这个人是因为他和同龄人很不一样，虽然不到30岁，却格外稳重。他毕业后没有直接进入企业，而是加入跨国医疗组织去斯里兰卡做义工。他的成熟和阅历让他显得与众不同。

"很有意思，他的经历听起来有点像我那部戏的男主角。您还记得哪些人？"托妮追问。我眼前清晰地浮现出很多面孔，音容笑貌仿佛就在眼前。我笑了笑，没回答她的问题。要想把那些面孔和他们的故事都告诉托妮，我需要一个更长的假期。

"好吧，换个问题，除了找工作的，猎头还要跟谁打交道？"托妮不依不饶地继续发问。

"当然是客户，就是有招聘需求的雇主。猎头顾问沟通最多的是雇主方的人力资源部门和业务主管。以我个人为例，因为我参与的招聘以企业高管职位为主，所以一般来说，我要和人力资源副总裁或总裁沟通。招聘团队要得到客户的认可，才能成功完成招聘。"我答道。

"得到工作的应该都是些百里挑一的完美人选吧？"托妮问。

"百里挑一是真的，完美倒未必。世界上就没有完美人选。"我纠

011

正道。

托妮的问题让我想起了某些客户，他们在描述理想人选时似乎也有和托妮类似的想法。在招聘行业待了这么多年，我对此有不同的观点。所谓理想人选，只是在某些具体时点对某个职位来说最合适的那个人。刚进入高管招聘行业时，我的看法并非如此，我曾经执着地为招聘项目寻找所谓的明星雇员，就是从履历到能力都堪称完美的候选人。如果你参加过有些企业的招聘吹风会，亲耳听雇主描述所期待的理想人选，你肯定会以为他们在寻找超人。后来我明白，对任何职位来说，只有合适人选，并不存在完美人选。

高管招聘是一个动态流程，人选正确或成功与否并不仅限于静态标准，还受到与目标职位密切相关的诸多因素影响，包括上下级员工、企业架构和经营阶段、市场态势、公司文化和决策流程，等等。

刚进入猎头行业，我经常因为自己所看好的候选人未能最终入选而懊恼，但现在的我知道，我认为的所谓最优人选只是我作为猎头顾问，基于我所了解的招聘需求、候选人情况和市场信息所做出的判断，并非绝对的客观事实。因为视角不同，客户包括雇主的不同人员对候选人自然持有不同的观点。

当负责招聘的主管人员更替后，一位原本的理想候选人可能不再是合适人选；在一个高速变化的市场里，招聘项目持续一段时间后，项目启动时所界定的理想候选人也许就不再合适了。所有因素和参照都在不断变动之中，与成熟市场相比，这种特质在新兴市场，如中国和亚洲的一些国家和地区尤为明显。

在猎头顾问职业后期，我更倾向于为雇主提供足够的空间和宽容度，让他们决定最佳选择，而不是替他们做出判断，然后把我的答案硬塞给对方。

"可是，找猎头难道不正是希望通过他们解决问题吗？"托妮疑惑地问。不知是出于创作者的习惯，还是寒冷偏远的山林生活让人更有好奇心，托妮不断地向我提出问题。

我接着解释："是的，但如果你问我，我会觉得让雇主参与决定比替他们做出判断然后把答案推销给他们，更符合客户的利益。我的意思是，在招聘过程中，雇主会收到一份被招聘行业称之为短名单人选的名单，按照项目不同，短名单人选数量不一，通常是3~5位。往往目标职位越高，人选越少。雇主从短名单人选中挑选合适的最优候选人。但不同的是，短名单人选通常由猎头顾问决定，进入这个人选名单有点类似……"

"一部影片获得奥斯卡提名？"托妮插话道。

"对，获得提名！这意味着候选人距离赢得岗位机会又近了一大步。过去我在挑选短名单人选的过程中总是精挑细选、百般琢磨，但后来我会偏向于让雇主有更多自主决定权。比如提供一份范围更大的短名单，或者创造机会让雇主接触不同类型的候选人，即便某些人以我个人观点判断未必是满足条件的人选，但雇主还是值得和他们接触的。

"也就是说，你承认自己会有误判？"托妮问。我点点头说："对，经验再丰富的猎头顾问也会有盲点。"

"真有人这样获得工作机会吗？"托妮问。

"当然，这种事发生过不止一次。"我从铁炉边捡起一根雪松木条，凑到鼻下嗅了嗅，独特芳香的雪松木气味让人心旷神怡。多年从事猎头顾问的经历让我逐渐发现，招聘过程中，最终决定背后有很多我既无法掌控也并不知情的因素，比如雇主方的最终决定可能并非由某位决策者独自做出，招聘的时间也会影响决定，等等。雇主如果只能看到猎头心目中的理想候选人，很可能会使真正合适的人选无意间被过早地筛掉。雇主最终选中的候选人让猎头团队意外的情况并不少见。

谈话陷入沉默。木炭变成灰白色，在炉膛中安静下来。温暖的剧场让我忘了雪山的寒冷。

"猎头工作忙吗？"托妮又抽出一根烟，夹在指间但没点燃。

"非常忙。猎头行业的压力，特别是高管招聘的压力很大。很多刚入行的顾问经常感到焦虑。"我意味深长地答道。

的确，因为猎头通常要面对招聘项目期限的压力，所以在启动某职位招聘时，猎头顾问必须跟雇主讨论招聘方向，确认雇主方希望这个职位人选何时正式上岗，也就是说，这个职位空缺需要在多长时间内被填补。超过半数的情形，我得到的回答是——明天！之所以这么说，原因各异，但无论如何，你可以想象招聘团队要面对何等压力。高管招聘不是生产一辆跑车，如果有模具你可以精确计算出一台新车生产下线所需要的时间。招聘如同大海捞针，最佳候选人不是可以量化生产出的产品，需要无数机缘契合才能顺利完成。

托妮摆弄着打火机，评论道："猎头的工作听起来有点像制片人，拍一部戏需要很多部门人员参与，面对紧迫的工作周期，平衡各种关系，还得应付意外。"

"导演不需要操心这些吗?"我问。

托妮说:"大项目、大导演不需要,他们只管安心拍戏。像我这种拍独立电影的就另当别论了,方方面面都得自己盯着,等于半个制片人。"

我回答说:"如此看来,可以这么说。除此之外,猎头顾问还需要同时兼顾多个项目,就像杂耍高手抛接玻璃球,得确保没有一个球掉下来。因为这些原因,招聘顾问的成功率通常不超过30%,加入高管招聘行业的顾问有近七成会因为业绩和适应性等原因而被淘汰,说实话这行业并不适合所有人。"

"真不容易,不过还是比导演的成功率高。"托妮笑道。她点着了烟,又问,"这行你做了十多年,肯定有让你觉得开心的地方才能做这么久,对吧?"

我重重地点了点头:"各行都有自己的特色,猎头顾问这行也有令人兴奋的地方。有的顾问为了赢得新招聘项目而开心,有的顾问为了成为'雨巫'(头牌顾问)而开心。这些当然都值得高兴,不过对我来说,还是觉得帮客户找到合适人选最开心,特别是山穷水尽的时候能找到答案,那种柳暗花明的感觉很棒。有点像猎人在山里兜兜转转,几乎绝望时猎物却突然出现在眼前。"我笑道。

托妮皱眉道:"我反对狩猎。不过我能想象猎手的意外狂喜,就像鲨鱼远远嗅到了血腥味。"

我解释说:"招聘成功不是意外,虽然貌似漫无目的地搜寻,但实际上在整个狩猎过程里,猎手遵循狩猎原则,寻找蛛丝马迹、猎物的足迹、毛发甚至粪便，在猎物出没的山区寻找跟踪，直到目标最终现身。"

托妮说："我想起电影《侏罗纪公园》里的情节，追踪恐龙的科学家发现恐龙粪便，就像淘金者找到金子般狂喜不已。"

我笑道："我只是打个比方，猎头当然不会像骚扰者那样尾随、跟踪候选人，更不会靠排泄物评价他们。"托妮开玩笑地问："那有没有一种情况，本来想打兔子，结果却捕到了一头鹿？"

我想了想说："真有这种情况。有次在招聘中，协助候选人提供职业背景调查的前主管被雇主意外相中，最后也加入了雇主公司。这种情况不多，就算发生了也得看雇主是否有足够的胃口消化一头鹿，大多数情况还是求兔得兔。"

"还有吗？这行业还有什么让您觉得开心的地方？您不会仅仅因为这一点就坚持了十多年吧？"托妮意犹未尽地追问。

我没料到在异国山林中遇到的这位年轻人对猎头行业竟如此好奇，不由得想起多年前刚入行时的自己。

"好问题！我想想。其实有些其他因素也能带来满足感，比如做猎头有机会了解不同领域。招聘这行的独特之处在于每项招聘都是截然不同的项目，即便看上去是类似的招聘。比如两家企业先后都要招聘首席财务官（CFO），虽然职位和职称相同，但两家企业对首席财务官的要求、具体岗位需求和内部架构可能存在很大差异，企业面临的挑战，以及职位的上级主管状态和企业文化有可能差异极大，所以高管招聘的经验无法简单复制，猎头顾问不能像炒冷饭一样反复使用同一个人才库。"说到这里，我瞅了瞅托妮，不确定我说的这些内容她是否感兴趣。

托妮转动着手里的咖啡杯，若有所思。见她没再提问题，我转而问她："我讲的这些对你有用吗？我没写过剧本，不知道该告诉你什么。"

托妮点头道："都有用。晚上回房间我会整理一下。抱歉，我得回厨房工作了，熄灯前还有清理工作得完成。如果你不介意的话，我们明天接着聊。我想继续听你说猎头的话题。"

"行啊，我来这儿没什么特别安排，有什么你想知道的，咱们随时聊。不过我得提醒你，虽然招聘有相通的地方，不过这些年我个人专注的领域是高管招聘，这是个比较特殊的领域。"我说道。

托妮回答："没问题，我故事里的那个角色就是高管招聘顾问。"

她的用词很准确。高管招聘行业里，有些顾问不喜欢猎头这个称呼，他们常以高管招聘顾问自称。他们认为猎头通常是对初级或中级岗位招聘的从业者的称呼。某位对高管招聘行业充满热爱的同事曾认真地为我解释两者的区别：猎头指的是从事基层岗位招聘的人员，招聘的方式如同猎犬狩猎，听命于客户；而高管招聘顾问提供咨询，引导客户寻找最优人选。

坦白说，我对别人怎么称呼并不在乎。我倒更希望有些客户能像托妮这样，有兴趣多了解一下招聘这个行业。在招聘经历中，我经历过一些很有挫败感且低效率的招聘。归根结底，这些都和雇主或候选人对招聘了解有限有关。比如，顾问有时要面对的情况是雇主在招聘中突然变卦，临时改变招聘方向；或者本来计划招聘销售总监，却突然要填补储运职位的空缺。

这种变化会给招聘造成很大困扰。发生的原因大多是因为雇主方对招聘流程缺乏了解，不知道这种随意变动所造成的影响。这就是为什么与客户讨论招聘需求时，我通常希望先和对方完整地讨论、分析招聘需求，尽量使雇主方参与招聘项目的人员对项目有清晰和一致的思路，以减少和避免中途产生大的变化。雇主项目参与者的思路越清晰统一，待招聘启动后，变数相对就越小。就像打仗前要有清晰的战术思路，不能开战后边打边想。

这在高管招聘领域尤为重要，多数情况下，这类职位招聘要涉及企业内外多部门相关人员，雇主的内部协调至关重要。比如一个中国区的高管职位招聘，需要参加面试和最终决定的人员可能包括企业的中国区总裁、人力资源部门总监、亚太地区主管、全球人力资源副总裁或招聘部门主管，甚至可能需要该职位平级的高管们都要参与面试。如此多的参与者，如果对招聘项目欠缺统一认知，单从个体部门角度评价候选人，很可能导致招聘迟迟无法推进，招聘工作很可能会不断推倒重来。

当然还有一些情况属于雇主企业内部的公司政治，这些因素通常会让猎头顾问较难对其施加影响，但这些因素同样会干扰项目进程，甚至会影响招聘落实。当这种情况发生时，猎头顾问会有种无力感，当一个优秀候选人因为雇主企业内部纷争未能获得机会，猎头顾问对此只能表示遗憾。

按照惯例，招聘流程是雇主方确定了岗位招聘需求之后启动的，但有时候，职位需求是由猎头顾问和雇主方共同发现的。这个需求是可以被发现的，当猎头顾问有能力帮助雇主方发现潜在需求时，猎头顾问对自己任职的企业和雇主方都是增益的。

对猎头顾问公司来说，这意味着新业务；从雇主角度来讲，这体现了猎头顾问的价值。因为企业有自身盲点，猎头顾问与雇主方在讨论时，可以分享人才动态及市场趋势，或者为有潜在需求的雇主企业领导提供咨询。我曾多次发现CEO们对外部行业情况表现出浓厚的兴趣，比如本行业企业能否从其他领域有所学习和借鉴。发展中的企业和具备学习能力的领导，通常有超出常人的好奇心和求知欲。

"嗯，这些对我修改剧本里父亲的角色很有帮助。对了，还有个简单的问题：招聘一般都包括哪些环节？"托妮追问道。

我回答说："这是个常规问题，听我跟你细讲。"

通常雇主企业有某种职位招聘需求，项目确认后，猎头顾问首先跟雇主方相关人员讨论，详尽了解职位需求，包括职称、职责、管理架构和汇报关系、职位KPI（关键绩效指标）、候选人应具备的经验和能力等。这些信息确认后，猎头开始界定人才库作为招聘目标群，并开始甄选大名单，招聘行业称为长名单。在这一阶段，招聘团队要接触市场上数量众多的人选，有点像海选，再从大名单里筛选出短名单。国内市场规模庞大，有时短名单人数会比成熟市场更多，这是由中国人才市场的独特性决定的，不过那是另外一个话题了。

接下来，雇主企业会在短名单人选里挑选最终候选人。最终候选人成功通过多轮面试和招聘程序，并同意接受雇主企业的岗位机会后，雇主会提供录用信并展开对候选人的职业背景调查，还有无犯罪记录和学历的核查。双方最终签署录用信，明确薪酬待遇和上岗时间等细节，招聘项目即宣告结束。高管级别的招聘难度大、流程复杂，项目周期经常在六个月左右，有时耗时更长。

托妮睁大双眼说："听起来真够复杂的！猎头是不是经常得秘密行

动？我最近看了一部纪录片，是关于葡萄牙球星路易斯·菲戈转会的经历。他加入了死敌皇家马德里俱乐部，震撼了足坛，因为没人相信他真会离开巴塞罗那俱乐部。转会是经纪人在绝密情况下运作的。高管跳槽是不是有点类似？"

写故事的人大概总能找到很戏剧性的角度。我微笑着点头道："有时候很像。高管招聘经常被蒙上某种神秘色彩。我刚入行时，公司有位老顾问告诉我，最好的人才通常不是那些要跳槽的，而是那些从未打算离开的。就像你说的那位巨星，猎头顾问接触的高管人才中，有相当一部分是企业的明星高管，在别人看来，他们根本不会轻易考虑外部机会。"

说实在的，这个行业并非仅凭猎头顾问单打独斗，招聘团队的组建至关重要。以我个人的经历看，这是高管招聘成功与否的核心要素。招聘需要一个团队去执行，猎头顾问需要得力和高适应性团队的协助才能有效应对市场变化，准确理解雇主需求并与雇主需求对接。在和雇主进行项目讨论、倾听他们对岗位的描述时，顾问和团队要有能力抓准信息。对刚入行的顾问和团队来说，做到这些会比较困难，因为多数人的表达能力远超过倾听能力，而做这行的核心素质是倾听。

很多时候，招聘顾问和团队要准确理解雇主字里行间的深意。有时雇主不会直接表达，其中有些是文化原因，比如国内客户特有的沟通方式，而外企也有它们的表达方式。

高管招聘通常需要猎头顾问深度介入招聘流程，但因为工作量很大，在项目的不同阶段需要其他方面的支持，所以组建精干的招聘团队很重要。这和初级或中级岗位的招聘方式不尽相同。高管招聘团队规模虽小，但对人员素质和工作能力要求高。

作为候选人，不管身处哪一个职位和级别，都应该了解如何跟猎头顾问打交道。如何接触猎头顾问，在招聘过程中应该做哪些准备，避免什么陷阱等，这些知识很重要。事实上，候选人常处于一种弱势状态，他们所了解的信息很多是由对方筛选过后才提供的，信息既不透明也不对称。他们无法完全掌控进程。我不止一次见证，在职场颇有建树的高管，却在跳槽过程中因对招聘行业缺乏了解，犯下了低级错误。坦率地说，在职场上成就越高的人，在跳槽时的盲点往往越大，他们的盲点和自信常常导致他们在换工作时犯错。

从某种角度来说，猎头顾问就好比有经验的演员，他们会让候选人从始至终认为，作为成功人士，所有决定都是自己经过审慎考虑做出的。其实，候选人忽视了一点：他们了解的大部分信息都是被猎头顾问筛选过的，他们所处的环境都是被猎头顾问精心修饰过的。有时猎头顾问会特意让候选人看到一些负面信息，目的是让他们调整思路。雇主和猎头顾问的最终目的还是成功招到人才。

讲到这里，托妮情不自禁地赞叹道："好极了，这和戏里那个'雨巫'角色很贴近，有点类似《心灵捕手》里罗宾·威廉姆斯（Robin Williams）扮演的那位心理学家的角色，虽是配角但戏份特别重要，直接影响了剧情的走向。抱歉，打断您了，请接着说。"

我继续解释道："高管招聘行业里的确有些顾问的操作手法算不上阳光。有的顾问并不在乎雇主方的利益，为了完成招聘任务他们也会不择手段。"

有些经验丰富的猎头顾问很善于进行客户管理，他们掌控雇主的能力很强，会运用不同方式施加影响。试想，如果你是某家企业中国分部的人事部经理，猎头顾问告诉你，他和公司总部人力资源副总的私交甚好，副总对中国分部的招聘项目也有留意，类似这种信息会在无形中影响招聘的进程。

还有一种情况，就是猎头顾问发现雇主招聘的实际目的跟招聘无关。比如雇主启动一个中国区总经理职位的招聘，却始终无法找到合适人选。猎头顾问最后才发现，那个招聘因为某种内部因素根本不可能完成。比如，该职位的主管进行招聘仅仅是为了向总部证明没有合适的外部人选，接下来这位主管就可以按自己的意愿调整岗位。

有的雇主不惜花费重金与顶级猎头公司合作，这样他们就可以告诉总部领导："看，顶级猎头公司花了一年都无法找到合适人选，市场上的所有人才都被筛选过了，所以组织架构必须调整：中国区总经理的职位撤销，中国区业务改由大中华区总裁直接负责。"

所以说，猎头行业里有很多东西并非仅仅是物色人选那么简单。我经常跟年轻人说，用不着去读商学院，毕业后到猎头公司工作，几年下来学到的企业知识远非商学院可比，你不仅能理解商业，而且会了解企业中人的因素，以及商学院根本不会教的很多内容。

企业经营最终还是要以人才为主，业务能力比较容易获取，但到最后企业经营的成功与否多半跟人才和管理有关。很多时候，这涉及很多软性技能，比如人际关系能力、影响力和内部政治等，这些内容是商学院的课程不会涉及的。

对高管来说，如何管理内外部、同级和上下级关系很重要。不具备这些能力，他在工作中会遇到很多障碍。不管是企业还是非商业机构，不管是一家足球俱乐部还是上市企业，这些都是需要面对的内容，毕竟事情最终还得靠人来做。

关于猎头的话题实在太多，我看时间不早了，便停下了话题。托妮回厨房继续工作，我在炉火边独坐了一会儿，剧场客厅变得沉寂。我很久没像这样放空念头了，接连不断的招聘任务，需要我不停地在项目间穿梭，像遥控器不断在频道间来回切换般没有停顿。温暖的橘色火苗和雪松芳香让我逐渐放松下来。我坐在空荡的大厅里，静谧的山林和雪岭似要将我引入另一个维度的空间。刚才和托妮的谈话不断在我心中萦绕，我似乎进入了半梦半醒的状态。

"喂！您还在这儿呀？"托妮的声音唤醒了我。她站在厨房门口擦拭着湿漉漉的手。托妮望着我说："刚才洗碗的时候我突然想到一个问题，有没有让你印象特别深刻的招聘经历？"托妮问。我沉吟了一下回答："太多了。"

"让我想想。有一次招聘我的确记忆犹新。"托妮的问题让我忆起了不少往事。

雇主是一家全球知名的零售企业，它们在一个关键岗位的招聘上屡遭挫折，始终找不到合适人选。雇主对职位人选有着非常明确的认知，他们相信候选人必须来自本行业，否则无法胜任，并举出种种例子证明这一观点。招聘项目负责人在该公司工作多年，对企业文化和行业动态了如指掌，坚信自己知道什么人能在该企业取得成功。

雇主对企业和行业有其固化的认知，对此，你当然不能说那是无知，但有时它确实可能是某种成见。猎头顾问从外部观察能看到这些问题，但我当然得努力说服客户，鼓励他们拓展思路。

我们把市场上所有相关行业的人才筛选殆尽后，推荐了一位非常规的候选人：她不但来自非相关行业，而且职业资历和个性特质都和雇主对理想人选的原有定义不符。老实说，第一眼见到那位候选人时，我不认为她合适，但详谈后却发现她正是客户需要的人才。收到候选人简历时客户表现得很犹豫，从纸面上看她根本不合适。但在我的再三坚持下他们仍然见了面。这位候选人在面试中完全打动了客户。加入客户企业后她表现突出，现在已成为公司全球核心领导团队成员。因为客户、猎头和候选人都愿意冒险，这次招聘最终非常成功。

"是不是她给你的第一印象并不好？"托妮听得很仔细。

"她内敛低调，务实肯干，不是那种个性鲜明的候选人。因为客户的行业属性，那个行业的从业者，尤其高管的谈吐举止，常常带有鲜明的行业特点。初次见面时那位候选人的气质不像从事这行的风格，但她开口便抓住了我的注意力。我们谈了四个小时，随着谈话的深入，我确信她是合适人选。和客户面试时，候选人凭借深刻的业务洞察力和职业素养彻底打动了雇主，最终得到了那份工作。"我回答道。

"她是怎么说服对方的？"托妮饶有兴趣地追问。

"其实没什么玄妙的，她对业务从策略到细节都了如指掌，从业经历中有多个可供雇主借鉴的成功案例；此外，她对面试做了充分准备，对雇主面临的挑战有充分了解，甚至提前做了详尽的市场调查。国内市场变化很快，当候选人不仅高谈策略，而且尽情展现了对业务细节的了解，兼具宽阔视野和踏实作风，这种人才通常正是雇主所需要的。当面对那些有业务背景的面试者时，候选人无法隐瞒业务技能，就像两个职业拳手之间的讨论，你说的每个细节，从出拳时机到对比赛的洞察，一张口对方就知道你是不是个练家子。"我继续回答道。

我滔滔不绝地说着。托妮听得聚精会神,似乎看到了一幅隐匿的画面。

我接着说:"有些候选人在就业市场的做派有些像搞婚外情,他们喜欢不停地打量市场机会,不断和猎头联系。这种做法并不明智。如果没有充分准备,也没有真实意愿,用不了几次,猎头顾问就会认为你在玩票。这种人有时被猎头称为老油条,他们似乎从不满意目前的工作,永远在寻找市场上的下一个机会。他们还会经常给猎头打电话。有的猎头顾问会利用这种人,当项目找不到合适人选时,会把他们放在短名单里凑数。但猎头顾问知道这些人只是招聘里的过场角色,他们既不可能获选,也不会认真考虑机会。这些人之所以自愿参加面试走过场,是因为他们认为自己是在帮猎头的忙,却浑然不知自己损失的是雇主和猎头顾问对他们职业声誉的尊重。"

"时间不早了,我该走了。"说完我起身从沙发拿起外套,在书架上随意取了一本书,"可以带回房间看吗?"我问。"当然可以。"托妮叫我随便自取。于是我拿了本吉杜·克里希那穆提(Jiddu Krishnamurti)写的《重新认识你自己》(*Freedom From the Known*),带回木屋阅读。我习惯临睡前看点东西,阅读让我暂时不会考虑工作的事。

出门前我半开玩笑地问托妮:"这里有没有狼?"

"我没见过狼,要是有宫本肯定会知道。"托妮摇摇头说。

"宫本?"我不解,以为她说的是这里的一位住客。

托妮解释道:"宫本武藏是我收养的一只狗,是我去蒙古拍纪录片的时候解救的。"她看到我有点担心便安慰我道:"这里只是偶尔有熊和美洲狮出没。别担心,它们只会偶尔到访。你拿着我的手电筒,听到动静它们会回避。"我正准备离开时,她突然叫住了我:"不好意思,我突然想到一个问题,有没有让您特别遗憾的案例?"

我站在门边想了一会儿,答道:"有个'最后一分钟'的故事。几年前我为一家传媒企业招聘中国区总裁。那次招聘异常艰难,半年后我们终于找到一位优秀的候选人,他通过了雇主方的数轮高层面试,双方谈得很融洽。经过多方努力终于顺利签约,约定次年元月一日正式走马上任。但这位候选人在元旦当晚突然找到我,告诉我他决定毁约并留在原企业。这件事早已过去,但想起那个新年夜的电话,我仍然记得当时自己感到震惊的模样。那位候选人说现有业务和团队都是他费尽心血打造出来的,离开如同抛弃亲子,他无法放下。"

"你无法理解他的决定?"托妮充满同情地问。

我说:"我替他惋惜。就像人生所有决定背后都有多重因素,没有什么决定只有一个原因。但我们讲起这些决定时,往往只用一个原因作为解释。我觉得他在自欺,所以为他感到遗憾。我知道这个悔约的决定是错的,他应该离开。这么说吧,我认为他只是不愿面对一些不想面对的事情。当他决定悔约时,有些他忽视了或不愿意接受的原因。而决定留下时,他一厢情愿地认为所有问题都会解决。但事实并非如此,那些当初促使他考虑离开的原因仍然存在。"

"后来呢?"托妮问。

"我猜得没错。半年后他还是离开了那家企业,但是客户已经完成了招聘,他最终没得到那个很好的职业机会。"说到这里,剧场的门被夜风推开，冷风钻进小楼。我打了个寒战，竖起衣领对托妮说："晚安，明天见。"

大门在我身后关上。清水剧场的紫色霓虹灯已经熄灭。我站在黑暗中不停眨眼，努力适应着周围的黑暗。我摸到手电筒打开它，循着微弱光线照亮的小径，朝树林深处走去。

猎头说

- 高管招聘基本以招聘 C 级主管为主，如 CEO、CFO 等。
- 高管招聘顾问通常来自企业高管或招聘领域，职场阅历乃至管理经验都很丰富。
- 招聘的目的并非寻找完美人选，而是合适人选。
- 让雇主做决定，而不是试图把候选人塞给他们。
- 最好的人才通常是那些从没打算离开的人。
- 很多人的表达能力和意愿超过倾听能力，善于倾听是招聘的核心，要有能力理解字里行间的意思。
- 很多时候，候选人了解的信息是经过筛选的，要学会收集信息。
- 失败的招聘有时是因为雇主的内部因素造成的。
- 高管招聘行业的经验堪比商学院深造，需要对商业和人性两方面兼具理解。
- 鼓励雇主方突破思维，考虑非常规候选人。这些人才可能来自非相关行业，也可能职业资历、个性特质都和雇主原本的定义不同。

第 2 章

如何区分好猎头和坏猎头

我一直在城市里生活，从没在安静的森林里住过，我躺在床上读了会儿克里希那穆提的书。

书里有句话让我印象很深："你无法依靠任何人，不存在向导、老师和权威。只有你自己——你与他人、与世界的关系。"我反复思考这句话。我对宗教知之甚少，但我记得佛教里好像也有类似的观点。

到隐修林的第一个晚上，我居然没有倒时差，竟一觉睡到了大天亮。早上我是被窗外的狗吠吵醒的。我不情愿地起身拉开窗帘，只见落地窗外一条健壮的秋田犬正对着我不停咆哮。

"宫本，收声！"一名男子低沉的声音喝止了秋田犬，它悻悻地走开了。我拉开落地窗，赤脚走到露台上，一位红发稀疏、身穿厚实古铜色伐木衫的老汉，挂着铁锹站在门外的树林中，正伸手向我打招呼。他的胶鞋上沾满黑色而潮湿的泥土，身上有几行竖体文字文身，看起来像泰文。

老汉说："早上好！我是隐修林的经理韦恩。这是宫本，它也是这里的员工。托妮告诉我你打算在这里住几天，对吗？"听起来老汉有些英国口音。

第 2 章　如何区分好猎头和坏猎头

我点点头。后来才知道叫宫本的秋田犬是只雌犬。清晨的山谷异常寒冷，我裹紧睡袍，赤足站在草垫上答道："幸会！我临时决定来这里拜访，希望没添麻烦。"

韦恩回答："当然没有！这里过几天可能要接待一些访客，有些工作需要义工，如果您愿意帮忙请告诉我，按隐修林的规矩，义工住宿免费。"

"没问题，或许我可以到厨房帮忙。"我急忙回答。其实国内生活便利，加上工作忙、出差多，我很少下厨做饭，但是我一直对那些喜欢自己动手烹制美食的人心生羡慕。听到需要帮忙我马上答应了，倒不是为了免费住宿，而是我很喜欢这个地方，想在这里多待几天。这座在覆盖积雪的群山和茂密森林中的营地像另一个世界，和我一贯面对的喧嚣都市截然不同。

韦恩点头："好极了！你有什么需要的随时找我或托妮，她是常客，这里的情况她很清楚。我得去清理蓄水池了。回头见。宫本，走！"老韦（我和韦恩熟络后我对他的称呼）说完拎着铁锹朝坡上走去，秋田犬也跟着他离开了。

换好衣服，我前往清水剧场。走到门口脱鞋进屋。挂外套时我才发现门口玄关处挂着一幅精致的画，昨天我竟完全没有注意到。我正端详那幅画，托妮拎着一袋土豆从侧门走进厨房。

托妮把土豆放在厨房后，准备到湖边取木柴，我自告奋勇地帮忙。她找了副手套给我，自己掏出红色绒帽戴上。听到开门声，黑狗亚历山大不知从什么地方冲出来，向我不停咆哮。托妮喝止了它。黑狗龇着牙低声咆哮，仍有点愤愤不平。"这里的狗好像都不太喜欢我。"我对托妮说。

"过两天就好了，它们对陌生人很警惕。见到宫本了？"托妮笑道。

"嗯，早上它和老韦去我住的地方，老韦问我愿不愿意考虑做义工。"我告诉托妮。"你答应了？"托妮满怀期待地问。

我点点头答道："是的，我说可以到厨房帮工，不过我得声明，我不太会做饭。"

托妮高兴地说："做饭不难，你愿意帮忙就够了。太好了！这样你就能多住几天了，我想继续听你说说猎头的事。"

我随托妮朝坡下走去。我们穿过一段林间小径，一座冰封的湖泊出现在眼前。

虽然覆盖着厚实的冰面，完全看不清湖水的本来颜色，我还是立刻认了出来——这正是宣传册里那座宝石色的湖泊。托妮说这座湖叫白鸟湖。我在湖边坐下眺望远处的雪山，冰封的湖面被雪顶群山环绕，静谧而安详。空山僻谷，阳光灿烂，冰层融化间偶尔发出断裂声。远处森林里渡鸦鸣叫着，听起来像笑声。一只白头鹰蹲踞在湖边的高大树冠上，一动不动地俯视着冰封的湖面。

此时，托妮提议道："咱们接着昨天的话题，继续说说猎头的事吧！我已经想到了好几个问题，你能不能先说说，好猎头和坏猎头有什么区别？"

"好吧。咱们从这个话题说起。"我努力把思绪从美景中拉回来，清了下嗓子，开始讲述。

第 2 章　如何区分好猎头和坏猎头

***

不管是候选人、客户高管还是猎头顾问，在职业和生活的不同阶段，每个人都是一位候选人：配偶的候选人，一所学校的候选人，或者一份工作的候选人。我们随时都要做好准备去推销自己。职业高管也不例外。世界上任何高管都需要做好准备，随时跟猎头顾问打交道——不管是主动的还是被动的。

在高管的职业生涯中，如果他尚处于一个资历较浅的管理岗位，他需要和专营初级职位招聘的猎头公司打交道；随着其职业发展成为资深高管后，就需要跟高管招聘公司互动。如同律所和管理咨询公司，猎头公司也有多种不同的类型。

通常成熟的大市场的猎头公司数量众多，职业经理人必须学会和不同的猎头顾问沟通。谈到沟通，候选人首先要有能力甄别哪些猎头公司和猎头顾问是合适的合作者，哪些不合适。仅上海就有超过千家猎头公司，任何职业经理人都不可能对所有猎头公司进行逐一比较。

如果在职业生涯某个阶段需要找工作，或者当猎头顾问找到你时，该如何判断他们的专业性和匹配度呢？即便对方是你所属行业的一家猎头公司，负责具体招聘项目的顾问跟你是否合拍？所以说起高管招聘，首先要关注的确实是"好猎头和坏猎头"这个问题，当然这里所谓的好坏主要是从专业度和匹配度而言，简单说就是如何选择合适的猎头。

如果站在高管们的角度，就是候选人如何挑选猎头公司和猎头顾问进行合作。

首先，可以根据外在信息观察进行常识性判断。比如说，猎头公司是否专业。所谓的专业性,不仅是言行举止和流程,还包括对你所关注行业领域的认识是否充分。假如你在投行工作,猎头公司联系你推荐一个外部机会,那你必须知道,它们对金融服务行业和投行业务是否有充分的了解?简单说,它们是否懂行。这是最基本的,也是最关键的:如果缺乏足够的行业知识,猎头顾问很难准确评估候选人,也无法准确地对外部市场机会做出客观分析。

***

听到这里,托妮问道:"有个问题,是不是一个好的猎头顾问必须是某个行业的专家?"

我回答:"也是也不是。猎头应该对所招聘的行业领域有足够的了解,对行业人才状况和行业动向也要有充分的理解,这样才能客观地评价候选人的优劣势,而不是盲目地拉郎配。但这里有个度的问题,猎头顾问毕竟不是行业专才,一位专门从事高科技领域招聘的顾问不需要是软件工程师或要会编程、写代码,但他需要有足够的行业知识。俗话说,没吃过猪肉但见过猪跑。"

托妮听完大笑起来。我赶紧解释:"这只是个比喻,没有贬义。很重要的是,如果猎头顾问无法准确判断候选人的价值,评判其优劣能力,那他肯定无法把合适的人选推荐给雇主。成熟的高管常会碰到这种情况。一位从事营销工作多年的高管,可以很容易地判断猎头顾问对他所属领域是否了解,是否知道该行业里的主要公司,这些企业的现状和行业里有哪些知名高管,以及口碑如何,等等。"

***

的确,如果候选人发现对方对相关领域有充分了解,他们往往会更加尊重这位猎头顾问,更愿意倾听并和猎头探讨所推荐的工作机会。

但是,如果换一种情形,结果会大为不同。我在企业担任高管工作时,也常接到猎头顾问的电话。他们推荐工作机会时,通常会先了解我的工作背景。有时我发现猎头顾问并不能准确理解我所提供的信息,比如忽视某些要点,这可能表示他们无法准确评估候选人的工作经验和能力。候选人应避免选择与这样的顾问公司合作。

接下来要关注的,是猎头顾问的提问方式。为什么说问问题的方式很重要呢?猎头顾问往往会以流程化的方式跟高管候选人讨论,比如他们会请候选人先分享职业经验、当前雇主的情况、罗列现职位工作期间的主要成就,等等。

如果猎头顾问用流程化的方式和语言与其展开讨论时,候选人应该有所警惕,因为这既可能表示对方对你的行业和雇主方的情况欠缺了解,也可能反映猎头顾问对你缺乏真实兴趣,仅仅是把你作为潜在目标去推销市场机会。这显然不是理想状况,因为当猎头顾问没有意愿和能力挖掘候选人的工作能力和相关经验时,他们也很难完整、准确地评估候选人的资历。

我个人的观点是,优秀的猎头顾问应该永远对人才保持热情和充满兴趣。因为人才和市场知识是猎头行业的基本生存之道。优秀的猎头顾问并不总是只有代表某项招聘项目时才与人才接触,他们会主动出击,不管有没有招聘任务。优秀的猎头顾问对市场人才的分布会有充分了解,他们会在招聘尚未开始之前花很多时间与行业人才建立和保持关系,对他们的情况实时掌握,并对优秀人才的表现持续关注。

所以,当有招聘项目启动时,那些优秀的猎头顾问对客户所需要的人才已经有了较为准确的搜索方向，甚至已经有了潜在的样板人选。这些都需要猎头提前进行信息储备，做到防患于未然。

简而言之，作为候选人的高管们未必了解猎头公司，但仍可以通过一些标准做出判断。当对方的确懂行，确实对你感兴趣，你是可以感觉到的；但如果猎头顾问拿着一份岗位责任清单进行程式地逐项筛选，并借此判断人选是否合适，此时就需要你格外警惕。

***

托妮问："还有什么标准，能帮候选人选择好猎头？"

我想了想回答："优秀的猎头顾问能比较客观地帮候选人评估和理解市场机会。"

***

其实，跟猎头公司打交道时，如果你是候选人，你可能发现自己处在比较被动的位置，猎头和雇主竭力想把某个工作机会推销给你。猎头为了尽快完成招聘任务，可能会夸大和美化机会，努力让候选人接受岗位机会。所以，当猎头不遗余力地推销某个机会时，这可能是另一个需要关注的信号。成熟的候选人在做出重大职场变化决定前，需要对职业机会进行充分的了解，有相当多需要候选人独立完成的功课。

候选人需要做调研，深入了解所提供岗位机会的那家企业，甚至需要对雇主方的用人者（未来上级主管）做相关了解。这些都不应该忽视。猎头顾问在这个阶段可以是一个重要资源和信息提供者，帮助候选人理解和评估工作机会。猎头顾问应该回答候选人的一系列问题，包括告知该外部机会有哪些对候选人的职业生涯来说是潜在机会，能助其事业发展，实现职场提升；哪些是潜在风险及如何规避，候选人该如何衡量风险和机会；等等。毕竟没有哪个岗位机会是完美的。

可能某个机会恰好在你喜欢的城市，但岗位的职责无法达到设想；也可能雇主是理想中的企业，但待遇低于预期；或者一切看起来都不错，但面试后你对未来的上级主管感觉一般，这时你该跟谁去讨论呢？

在这些情况下，猎头顾问就能帮忙。他可以帮候选人分析市场机会，但最终决定权还在候选人自己手里。不合适、不称职的猎头顾问可能不愿意或无法扮演这个角色。这里通常有两个原因。

第一，可能猎头顾问没有做足功课，对雇主企业的机会没有深入了解，并未站在候选人的角度评估这个机会，或者对候选人缺乏了解。

如果猎头顾问首次接触某位高管，只想推销某个工作机会，而另一个猎头顾问已认识这位候选人多年，并跟他一直保持关系，了解其职业发展期待，那么在这两种情形下，当职业机会出现时，猎头与候选人合作的效果会大为不同。

同样，如果猎头顾问和雇主方有长期合作，或者已经做足功课，对企业知根知底，熟悉企业文化战略和个人发展空间，也会对候选人很有助益。当然这无法苛求，因为对猎头公司来说，不可能所有客户都是长期合作方，在猎头服务的雇主中，有些属于初次合作。针对这种情况，猎头顾问就要做足功课，才能帮候选人判断评估机会。

所以，候选人如果想判断猎头公司是否优秀或合适，以及猎头公司是好是坏，需要解决的问题除了评估对方是否具备相关行业知识，还要明确猎头顾问是否能如实分析其所推荐的职业机会，这是核心问题。猎头顾问是否只是想把那个机会硬塞给你，才把它描绘得如此完美？其中的差异是显而易见的。

第二，猎头顾问对候选人是否有真诚的好奇心，而不是把候选人当作一个产品。

优秀的猎头顾问和候选人的沟通不应该是交易性的，而应是以价值性为基础的。猎头顾问对候选人的职场中长期发展规划应当有所了解，理解其职场愿景，而不是随意或盲目为候选人推荐外部机会。假如猎头只顾推荐市场机会，候选人会觉得对方对自己缺乏兴趣，只在意销售而已。如果猎头顾问愿意花时间多了解候选人，那么他们的推荐会更准确且更有针对性。

另外，评判猎头顾问的好坏，还可以观察对方是否愿意在非项目状态下保持关系，而不仅仅在市场有招聘需求时才突然联系，以及是否愿意提供职业发展建议和分析。

如果猎头顾问注重保持沟通，当你碰到职业发展问题和困惑的时候，他们愿意提供帮助和分享市场信息，这些都是好的迹象。小心那些平时不愿接听你电话，而拿到雇主招聘项目才会热情出现的猎头顾问。的确，猎头顾问工作繁忙，很多时候他们要同时进行多个招聘项目，需要与众多候选人接触，所以当没有具体招聘项目时，很多猎头顾问不会主动跟候选人接触。但在高管招聘领域，情况有所不同，这个领域很强调在非招聘状况下，猎头顾问要常态化地主动与人才保持关系，确保有质量、有效率地担任客户的顾问角色。

对候选人来说，优秀的猎头顾问是职场规划师和良师益友，能帮助高管在较长时期和职业生涯中保持竞争力，提供积极有效的职业发展建议，帮他们掌握市场动向并规划职业生涯。

另外，要区分好猎头和坏猎头，还要看猎头顾问是否能为候选人提供招聘项目的全面反馈，包括不那么中听、不容易接受的反馈。

在招聘项目中，候选人有时会遭遇被雇主企业拒绝的情况：大部分候选人都经历过面试，甚至数轮面试，但最终没有得到面试职位。发生这种情况的确令人沮丧，毕竟候选人对机会兴趣浓厚，并投入了很多时间和精力，做了大量准备，他们可能已进入最终面试，甚至自信满满，认为职位唾手可得，却最终落选。

这时可能会发生一种情况，即猎头顾问如同人间蒸发一般，再也没有给你打电话。在此之前的数月中，猎头顾问团队一直和你保持密切联系，不断推动你前进，说服和影响你，督促你去参加雇主方的面试，积极帮你安排各方沟通，帮你订机票飞到雇主总部参加面试。然而，现在他们却突然消失了，一切变得悄然无声。毫无疑问，你落选了。对候选人来说，这当然令人沮丧。谁都不是傻瓜，谁都猜得出来机会已花落别家（当然愿不愿意接受是另一回事）。

然而，专业的猎头顾问此时会致电或与你面谈，坦率地告诉你发生了什么。但是，很多候选人不知道，对猎头顾问来说，这是件很有压力的事。我曾经跟行业里的很多猎头同行讨论过这一点：当候选人进入最后阶段却被客户放弃，该怎么与候选人沟通。对猎头公司来说，这是很有压力的事，谁都不想看到这种情况出现，猎头顾问知道这个结果对候选人是难以接受的。但是，作为一名优秀的猎头顾问，必须有勇气和诚意去跟候选人沟通，如实告诉他们发生了什么，告知他们结果。如果可能，告诉他们哪些环节出了差错，哪里出了什么问题。更重要的是，告诉他们未来再经历类似的招聘项目，有哪些可以借鉴和学习的经验。

猎头顾问要让候选人把参加招聘作为一段学习经历并让他知道，招聘并不是寻找最好的候选人，而是寻找某个时点最合适的候选人。优秀和合适是两回事。

在选择职位的候选人时，雇主常考虑的是这位候选人是否合适，而不是比较几位候选人看谁最优秀。猎头顾问能否如实、勇敢地与落选者进行沟通，在对方被淘汰后及时跟进，这是一种担当。

优秀的猎头顾问不但有前瞻性，而且对候选人应该真诚，不应该是一锤子买卖，不成功就"取关"。如果猎头顾问真正想帮助候选人，他就会知道这种沟通的重要性。实际上，像CEO这种级别的高管，对信息反馈是非常看重的。

***

因为没有事先准备提纲，我只好想到哪儿说到哪儿。托妮认真地听我讲述。她看了看表，站起身说："糟糕！我得回去准备午餐了。"于是，我拎起装满雪松木柴的口袋，跟托妮沿原路返回。

在返回的路上，托妮说："刚才你讲的有一点我特别同意——真诚很重要，它是沟通的基础。看起来在这点上猎头和讲故事是一样的。"

我们一路继续聊着刚才的话题，很快便回到清水剧场。刚进门便闻到厨房传来的香味，原来老韦已经在厨房准备午餐了。我把带回来的木柴在铁炉边堆好后走进厨房。托妮站在烤箱边削红薯，她说中午老韦做他的拿手菜——英式薯仔，她负责红薯甜点。

我接过托妮递给我的刀，捡起红薯，学她的样子削皮。不料湿滑的

第 2 章 如何区分好猎头和坏猎头

红薯一下子掉在地上,刀刮在了我的手指上。我大叫起来,手指上鲜血涌出。

老韦摘下手套,他让托妮压住我的伤口,从急救箱里找出止血带和消毒剂,帮我清理创口并包扎妥当。但当老韦得知我没有购买本地旅游保险时,立刻变了脸色,看起来似乎比见我受伤时更紧张。他让我立刻离开厨房。老韦解释说如果没有购买保险意外受伤,不但会面临高额医疗费用,而且可能给隐修林带来法律风险。

刚想帮忙就被迫停工,我不免感到内疚。托妮安慰我说:"你休息吧,今天厨房工作不多,老韦和我能应付得来,你接着刚才的话题说吧。"看起来托妮的确想深入了解猎头行业。老韦知道我们在讨论什么,但他不懂中文,也对这个话题缺乏兴趣,于是继续忙他手里的活,不再打扰我们。而我找了张高脚凳,在厨房工作台边坐下,继续讲述猎头话题。

***

很多时候,候选人对猎头公司一无所知,面临跳槽找工作,要面对十多家猎头公司,该怎么去区分好猎头和坏猎头呢?毕竟谁也不想在跳槽时做出错误决定。如果你仅有三个月的时间,必须得找到好工作,时间紧迫,此时该怎么判断猎头是好是坏?除了刚才讲的那些,另外更重要的一点是,不只要看猎头公司的口碑,还得看具体的猎头顾问。

我经常看到有些高管乐于积极跟知名猎头公司打交道,甚至主动跟一家著名猎头公司里的某位资深合伙人沟通,建立联系。但很不幸,这并不意味着这位资深合伙人是能为你提供更好职业帮助的猎头顾问。

一家中型猎头公司，甚至一家小型猎头公司里，可能有愿意花时间了解你和了解雇主需要的猎头顾问，他们可能是更合适的选择。知名猎头公司的确在取得招聘项目上有优势，但是没有一家猎头公司会承揽市场上所有的职位。更重要的是，招聘项目一旦开始，你每天打交道的是人，而非公司。

所以，关注猎头顾问，而不是迷信猎头公司的名气，后者是一大误区。

另外，候选人应该主动跟猎头公司保持关系，不要等到需要找工作时，才匆匆跟猎头公司接触。要学会提前开始沟通，在职业生涯之初就应该开始学习。随着职业生涯的发展，学会跟与自己岗位匹配的猎头企业保持联系。知道市场上有哪些猎头公司，确保猎头顾问知道你的存在。当有市场机会时，不管是猎头顾问找到你，还是你有调整工作的需求去找他们，都要确保你和猎头互相已有基本的了解。

毋庸回避，猎头公司有明确的任务。奇怪的是，相当多的人不知道雇主企业才是猎头顾问真正的客户。猎头顾问的工作是帮雇主寻找合适的候选人，为雇主职位招聘到最终人选。猎头顾问有这样的目的，但这和他是否对候选人感兴趣并不矛盾。

双方实际接触时，候选人不难判断对方的诚意。当你和猎头顾问接触时，他是不是只想在电话里跟你随便谈几句，五分钟就准备挂电话，还是愿意和你面谈，仔细了解你的经历、以往成绩和业务能力？当对方愿意花时间和你面谈，而不是几分钟便草草收场，相信不难感觉出对方的诚意。

另外，请留意猎头顾问是如何介绍市场机会的。在高管招聘时，猎头顾问对推荐职位相当慎重。我们甚至要求招聘团队在没有充分了解候选人职业发展需求、工作经验和能力的情况下，不能把雇主需求告诉候选人。

这个话题或许扯得有点远。中层管理者和高管行业的猎头，其工作方式是有区别的。在初级和中级管理者招聘中，经常会碰到猎头公司在跟候选人接触时，开门见山便介绍某公司有某个职位。高管招聘则很少这样做。

***

一口气讲了这么多，关于好猎头、坏猎头这个话题也谈了不少，我觉得该说的差不多都告诉托妮了。

此时老韦招呼我吃午饭。他从烤箱里取出烤好的土豆，每个土豆顶端都切了十字刀口，热气和诱人的香味从烤成金黄色的土豆切口处飘散而出。托妮把土豆整齐地摆上餐盘，在十字刀口处飞快地挤上事先备好的酱料，又撒了些烤黑芝麻籽，动作快得令我眼花缭乱。

托妮走到剧场外，把两个装了狗粮的铁盘摆在门外，亚历山大和宫本武藏迫不及待地冲过来。秋田犬很快吃完了自己的那份，虎视眈眈地盯着亚历山大的盘子。

猎头说

- 做好推销自己的准备，你无法预料机会何时来临。
- 在不同职业阶段，学会和不同级别的猎头顾问打交道。

- 候选人要有能力甄别猎头公司和顾问是否为合适的合作者,学会选择正确的猎头顾问。
- 优秀的猎头顾问永远会对人才保持热情和好奇。
- 猎头顾问可以帮助候选人分析市场机会,最后决定权掌握在候选人手中。
- 优秀的猎头顾问对候选人的职场长期发展应当有所了解,理解其职场愿景,而不是随意推荐外部机会。
- 优秀的猎头顾问是职场规划师和良师益友,能帮助高管在职业生涯中保持竞争力,提供积极有效的职业发展建议,帮助他们掌握市场动向,规划职业生涯。

第 3 章
该不该把猎头当朋友

可能因为工作的原因，在国内我很少有机会遇到像老韦这样的人。他对世俗生活和众人通常热衷的那些话题（比如成功、赚钱和出名等）都没什么兴趣。老韦很会做饭，但其实他吃得很少，如果只是自己吃会很简单。他话不多，很少谈起自己的经历，但是我从托妮那里得知，他的经历颇为丰富。他年轻时曾做过长途运输的卡车司机，在农场养过鸡，还做过厨师，甚至在阿拉斯加的捕蟹船上干过。

老韦常年在雪岭森林里过着极为单调、重复的日子。日常生活中，尽管从事着很多繁重的体力劳动，但他并不感到厌倦。我猜他和隐居在终南山里的那些隐士属于同一类人。

老韦对中国文化很感兴趣，甚至跟我就中国的很多话题展开了辩论。比如武则天，老韦坚持认为武后是位了不起的明君，对后世影响极大，功德无量。即便我提醒他，有史书称武则天手段严酷，好恶不定，老韦仍坚持认为那是父权社会的偏见，不以为意。

趁老韦没那么忙的时候，我去找他聊天。他告诉我，隐修林周围的树木和周边山脉的那些密林的树种很接近，都属于海岸雨林。目前，在世界陆地面积中，海岸雨林的覆盖率不足百分之十，却承担了世界近三分之一的氧气由它生成。作为一种独特的生态系统，它的影响是巨大的。

老韦显然对隐修林的一草一木充满了感情。他说这里的雨林非常独特，从北美的阿巴拉契亚山脉、加拿大的不列颠哥伦比亚省东南部和美国发现的内陆雨林，沿太平洋海岸形成了一个狭长的带状区域，包括阿拉斯加到加利福尼亚北部地区。这几乎是世界上最后一片海岸雨林，属于沿海温带雨林，维持它的条件主要由太平洋创造。

在隐修林的密林里有几种主要林木，包括红雪松、西部铁杉和花旗松。我最喜欢的是红雪松。

几天后隐修林有场活动，为此老韦一直不停地忙碌。除了布置营地有很多体力活要干，他还要花很多时间做办公室的工作。在加拿大，很多沟通都用电子邮件，他每天需要处理很多邮件。托妮说，这么多年，营地的日常维护、运营等工作，都是由老韦负责。他是个闲不住的人，没事儿就爱在营地附近转悠。

看起来老韦是那种眼里到处都是活儿的人。虽然老韦已年近七十，但他身体依然硬朗。我的生活方式和他相反，大多数时候都坐在钢筋水泥建造的写字楼内的电脑前，基本不参加体力劳动。像隐修林这种松林青苔、冬日斜阳的自然环境，我只在古代诗歌里读到过，在国内的城市中极为稀罕，所以我一点都不介意在这里多住一段时间。

早餐后我在白鸟湖边坐着发呆，听着冰层融化和林间啄木鸟啄树干的声音，恍惚进入了另一个时空。突然，一个毛茸茸的黑色脑袋在我腿边蹭着，吓得我急忙站起来，以为遇到了熊。原来那个黑乎乎的家伙是亚历山大。托妮跟在它后面，她遛狗回来正好经过湖边。

047

托妮笑道:"看,我没说错吧,它已经不拿你当外人了。"

托妮说她要去清水剧场看样片,问我要不要一起去。我没想到在这里还能看电影,马上答应了。我跟着托妮沿原路返回。

回到剧场,托妮拉起厚重的窗帘,摆好设备后开始放映电影。投影仪在空白的墙面上投射出影像。那是一部短片,是几年前托妮在蒙古旅行时拍摄的一部纪录片,记录了她从乌兰巴托到哈拉和林(KarAkorum)的旅行经历。影片是粗剪,还没配乐和调色。

托妮镜头里的蒙古,不仅有旧都、长歌手、草原和蒙古包,也记录了许多苏联时期遗留下的痕迹,以及西方探矿者觥筹交错的伏特加聚会和乌兰巴托的街头斗殴。我甚至看到了幼年的宫本武藏,脏兮兮的宫本可怜巴巴地躲在一个桥洞里,被托妮救出。

看完粗剪,托妮显得很开心。她说这些素材已被搁置很久了,她终于找到了一个不错的剪辑师,愿意帮忙处理。托妮说,剪辑对电影至关重要,同样一套素材,在不同剪辑师手下,能讲出不同的故事。

托妮关掉投影仪,拉开窗帘,冬日暖和的阳光透过松林照进剧场,斑驳的树影洒在地板上。托妮起身走出房间,不久便见她提着笔记本电脑又回到客厅,笑眯眯地盘腿坐在一只豆袋椅上。托妮打开电脑,抬头问:"我们接着昨天的话题,继续说说猎头的事儿吧。今天想讲什么?"

"我来说说怎么跟猎头打交道吧。"我答道。其实对于今天想讲的话题,我昨晚已经大致构思过,甚至列了一份简要提纲,罗列出打算分享给托妮的内容。

"好极了,我准备好了,请开始吧!"托妮叼着烟,飞快地在笔记本上敲下了一行字。

在此我必须说明，从这一章开始（其实也包括了第 2 章）的猎头对话，都来自托妮的笔记。她的打字速度和准确记忆力令我望尘莫及。托妮根据我们的谈话，或者录音整理，或者现场记录。文稿是她整理好后发给我的，虽然我并不觉得自己需要这些，但托妮说我应该留底。我得承认，如果不是托妮坚持，对这些内容我是懒得梳理的。以下便是我为托妮讲述的内容。

***

关于高管该如何跟猎头打交道这个话题，或许跟昨天的部分讨论有所重叠。不管怎么说，我们先聊聊这个话题。我们之前谈到了如何判断好猎头和坏猎头，从高管角度来讲，当你面对市场为数众多的猎头公司时，你该如何挑选合作方，什么是值得信赖的合作伙伴，什么需要你谨慎对待。

现在要谈的是如何跟猎头公司打交道，这里的假设是你已经选定了满意的猎头顾问。我首先会说，高管需要对自己有清晰的认知和明确的个人职场规划。大多数情况下，猎头顾问与你接触是因为有招聘需求。他们有特定目的，带着使命而来，这是他们的工作。

如果高管对个人职业没有清晰的认知，对职业方向缺乏长期考量，可能会受外部因素影响，在机会面前摇摆不定。在接到猎头公司的电话前，甚至认识猎头顾问之前，高管们要有一个大概的职业规划。

这个话题如果延展开来是个很大的话题：职业经理人从大学毕业初入职场，到被提拔到中层管理岗，然后在某个职业阶段得到晋升，然后一路成为资深管理者。他们应该不断修正调整自己的职业规划，不断问自己：为什么而工作？如何定义理想的工作？追求的事业目标是什么？人生的价值是什么？这些问题的答案会随着年龄增长和职场发展而不断调整。我们无法期待一位大学毕业生和一位职场老兵有相同的职业规划，这是个不断自我调整和修正的过程。

我的观察是，候选人对自己的需求定位越清楚，职业目标感越强烈，他们与猎头顾问以及雇主企业的交流就越顺畅；对职业发展有清晰规划的候选人也能帮助猎头顾问，让猎头的工作变得更高效，使其更容易判断候选人的职场规划和市场机会是否契合。

***

讲到这里，托妮打断了我："要是有人对职业规划不清楚，是该请教猎头顾问，还是得先自己想明白？"

我回答说："我的看法是个人职业规划应该由自己主导。当然，专业的猎头顾问的确可以提供辅助意见，比如市场信息、行业发展趋势和就业前景等。猎头顾问可以从职业发展角度分享一些与你的背景类似的职业经理人的案例作为参考。那会是很有参考价值的意见，因为多数时候我们的参照物都有局限，参照物越丰富、完整，对职业方向的把握越精准。"说罢，我继续讲述自己的经历。

***

在得知我加入猎头行业后，前任雇主的同事蒂姆对我说："谁都该有位猎头朋友。"那句话给我留下了深刻印象。当时蒂姆是那家跨国企业的大中华区CEO，他对高管招聘顾问的看法让我突然对这个行业有了不同的认识。因为那时我很年轻，对猎头行业存在误解，对高管招聘行业更是知之甚少，完全不了解该行业的猎头顾问能为候选人带来何等价值。蒂姆的话让我开始意识到，专业的猎头顾问可以成为高管职业发展的助力。

第二点听起来可能有点偏事务性：高管们需要不断更新简历。这似乎是个常识性的提醒，但我发现很多高管的简历信息经常停滞在数年前。我说的不是他们没有及时更新岗位职责，而是简历的内容和主要信息点未能及时更新。如果你现在已经担任某企业的财务副总裁，简历里却对你多年前担任初级主管时参与某审计项目的经历着墨过多，那这份简历显然没有适时调整。

不同的职业阶段，简历的读者不同，他们所寻求的内容和主要信息点也不一样。请务必记得及时更新和调整自己的简历。

我之所以提到要及时更新简历，是因为我发现，越是优秀的人才，或许因为找工作的需求不大，工作状态较为稳定，所以他们的简历往往长时间没有更新。

当你选定了某个猎头顾问作为合作伙伴，并且双方已经通过电话取得初步联系后，你该如何跟猎头顾问打交道呢？我建议下一步是与猎头顾问约见面谈。通常猎头顾问工作繁忙，每个顾问的工作方式各异，有时双方还可能身处两地，所以你应该尽量安排时间和顾问进行面谈。

当你跟猎头顾问坐下来面谈时，你可以在不受打扰的情况下充分介绍职业经历、工作成就并讨论你的职业规划，这样你会给猎头顾问留下完整和清晰的印象，这远比通过邮件发送一份简历要高效得多，也比电话沟通更为充分。就算和猎头顾问在电话上讨论几个小时，或许你们共享了很多信息，但只要双方没见过面，就缺少了一个重要的接触环节。在高管招聘行业里，猎头顾问向雇主方推荐候选人时，需要撰写候选人报告，这份重要文件会被提交给雇主的人力资源主管等招聘项目负责人。

在候选人评估报告里，猎头顾问需要为客户勾勒候选人的画像。这时雇主方尚未见过候选人，他们会通过这份候选人报告来了解被推荐者的情况，包括候选人的经历、能力、领导风格甚至个性，等等。在我过去的工作经历中，如果没与候选人亲自见过面，我不会做出推荐决定——不管这位候选人多么成功或知名，因为这是高管招聘行业的基本规矩。

另外，高管与猎头顾问见面，有助于建立长期印象。如果可以与猎头顾问在不受干扰的情况下面谈并进行充分沟通，不但会令对方对你的职业背景、能力和职业规划有准确理解，最重要的是会给对方留下生动鲜活的印象。在接下来数年甚至更长时间内，通过与猎头顾问的接触都会加深印象。每次猎头顾问向雇主推荐该候选人时，必然会重复回放这个印象。所以，建立面谈的良好印象很重要，这不是随便通过电子邮件、电话讨论甚至视频通话所能代替的。

***

托妮举手发问道："问个问题，该不该把猎头当作朋友？"

我笑道："这个问题很好。我发现在国内关于招聘的书籍里，有不少会对高管们发出提醒与告诫：谨慎和猎头打交道，避免误入火坑；而美国等成熟市场对猎头行业的著述中，更多的建议则显示了对猎头顾问的信任，鼓励高管坦诚与猎头沟通。可能这种反差，跟不同地方的行业发展阶段和地域文化差异有关。"

***

我个人认为，猎头和高管的良性关系应该呈现为某种动态：面对好友，并不意味着你需要把所有私人信息和盘托出；面对陌生人，也不必处处设防，视他人为敌手。猎头顾问的工作以服务客户为主，雇主企业是猎头顾问的客户。猎头顾问需要对高管的职业发展背景和需求有所了解，但候选人并不需要事无巨细地把个人信息告诉猎头顾问。

基本上，猎头顾问和候选人之间的关系，最好是一种互相尊重和信任的专业关系。猎头顾问不可能也不会与所有候选人建立私交，而且私交也会影响猎头顾问的判断。

当然，如果高管已退出职场，或者双方已经合作多年，建立了深厚的私交，这也无可厚非。通常我会建议保持职业关系，彼此尊重，坦诚沟通，能帮忙时尽量提供帮助，互利双赢。比如，某位高管通过猎头顾问介绍，成功获得工作机会，角色从候选人变成了雇主。如果在招聘过程中，这位猎头顾问的专业性给你留下了良好印象，那么你可以在未来的招聘项目里推荐这位猎头顾问作为合作伙伴。

这种情形在高管招聘行业中时有发生，因为在高管职业生涯中，身份经常在候选人和客户之间转换。现在的候选人可能很快成了猎头顾问的客户，甚至在未来某个职业阶段再次成为候选人。不过，这里需要说明的是，根据行业惯例，猎头顾问不能从雇主企业挖角候选人。

此外，我建议高管在和猎头打交道时尽量保持开放的态度，尤其当你是位优秀的高管，事业有成，志得意满，有时猎头顾问可能有意满足甚至纵容你的自我价值感。就像体育行业的星探，没有任何星探愿意得罪那些明星球员，谁都希望跟明星球员合作。所以，有些不够自信的猎头顾问，可能因为担心得罪明星高管，不愿意坦率地提供建议，以及反馈招聘过程中所收获的信息，致使明星高管错失了一些机会。

因此，候选人跟猎头顾问合作和沟通要持开放心态，主动寻求反馈。当猎头顾问提供不同意见，或者不那么令人愉快的反馈时，不必急于解释，也不要对其抗拒，应该仔细倾听和判断这些意见是否具有参考价值。

据我观察，事业越成功的高管，越容易产生个人盲点。大概成功人士通常都有较强的自我认知，他们取得的成绩，有些建立在早期经验上，可能与某个体系、组织和群体相关。但当考虑职业生涯、评判外部机会时，这些经验需要被更新甚至被排除，你需要吸取不同方面的信息，包括来自外部的观点。此刻，猎头顾问的角色就是提供这些不同信息的人。

这些信息有时听起来与个人经验相悖，这时你也要保持开放心态，主动寻找并注意倾听这些信息，它们可以帮助你做判断。这是职场成长的必要过程：学会倾听不同意见，哪怕意见比较刺耳。举例来说，当猎头顾问向你推荐一个陌生行业领域的机会时，如果你在某行业企业浸淫已久并卓有成就，你可能对这个陌生的机会感到错愕。此时，你的第一反应很可能是拒绝的，因为你目前的职场发展颇为顺利，根本没有考虑过其他领域的机会。然而，职场有很多转折机会正是这样产生的，就像我自己当初进入高管招聘领域的经历。如果我对新机会没有秉持开放态度，我可能仍然在原行业驻足不前。回首原来那个行业，其业态已经发生了很大的变化，而新的行业经验为我提供了很多学习机会，让我获益良多。

说到底，很多时候，盲点之所以成为盲点，原因在于我们自己。尤其是现今这个时代，跨界发展比任何时候都更普遍，很多高管招聘猎头顾问也会主动寻找跨界人才。

另外，关于和猎头之间的沟通，我曾遭遇过候选人刻意误导猎头顾问，隐瞒自己真实职业状况的案例，这绝对是大忌。很简单，这将直接导致候选人和猎头顾问之间的信任关系彻底破裂。候选人可能因此被列入猎头顾问甚至招聘行业的黑名单。

和其他行业一样，高管招聘猎头顾问当然也有自己的行业圈子，候选人和猎头顾问打交道时的任何不专业行为和个人口碑都可能被快速传播，这对高管来说这可不是好消息。

我理解为什么会发生这样的情况。比如，曾经有位高管在跟我合作时，刻意隐瞒了离开雇主公司的真实原因，这样做很不明智。因为专业的猎头顾问必须对候选人做详细的背景调查，通过不同渠道了解候选人的职业发展详情，协助雇主做出最终的招聘决定。所有信息迟早会被澄清，没有必要误导或隐瞒职业事实。

有的候选人，可能因为特殊的离职原因，不愿意告知猎头顾问事实；有的候选人，或许担心猎头顾问知道自己离开上一家公司的真实原因，会对自己的专业性或业绩表现产生怀疑，甚至因此不考虑推荐外部机会。但不管什么情况，都可以选择合适的方式，让猎头顾问了解发生了什么，是什么导致自己离开了企业。与其隐瞒事实，不如真诚地沟通事情的原委。

高管招聘过程中，候选人和猎头顾问的关系在有些层面类似委托人和律师，双方应该有基本的信任和对专业的尊重。如果猎头顾问在关键时刻意外发现了候选人所隐瞒的事实，那将会引发严重的后果。

跟这个话题相关的是，我有时看到一些高管可能因为频繁跳槽，或者因为职业经历中数次改换工作，担心被雇主或猎头顾问贴上"跳槽惯犯"的标签。这种担心可以理解，因为如果简历上显示你曾连续数次短期更换雇主，确实容易引起别人的质疑。

这时，候选人需要坦诚地和猎头顾问沟通，让对方了解自己的离职背景。如果候选人对于某个招聘项目来说的确是合适人选，猎头顾问会根据背景信息，有效地向雇主企业介绍候选人的情况。根据我的观察，如果能得到专业猎头顾问的推荐，雇主企业通常会根据人选和岗位匹配度来综合考虑招聘决定。

***

托妮问："工作那么忙，要是我没打算换工作，干吗要跟猎头保持联系？如果真的需要打交道，怎么能做到更有效？"

我解释道："你说的这个问题非常重要。的确，建立和维护任何关系都需要投入时间。市场上有近千家猎头公司，高管不可能跟众多猎头顾问保持联系，必须筛选后确定匹配的猎头顾问作为合作伙伴。一旦选定猎头公司和猎头顾问，就要和他们保持长期合作关系。"

***

选择猎头顾问要注意：第一，对方具备专业性；第二，他们对你所在的行业有深入了解；第三，猎头顾问在专属行业领域内有丰富的客户资源。一旦你找到合适的猎头顾问并建立了联系，如果双方有深度沟通，对方充分了解你的职业背景和愿景后，除非就业状况发生变化，你需要知会猎头顾问，否则并不需要进行高频交流。关键是在首次介绍自己时，尽量做到高效沟通，留下清晰的印象。这样一来，当猎头顾问和雇主企业讨论岗位需求时，如果信息匹配，猎头顾问就会主动想起你。因为猎头顾问熟悉你的职业经历和规划，自然会优先向雇主推荐你。

***

托妮问："我还有个问题，找工作可以同时跟多个猎头保持联系吗？脚踩多只船？"

我回答道："候选人不必对此有顾虑。猎头顾问其实并不期待候选人只与一家猎头公司打交道。"

***

这里倒是有个需要延伸的话题，就是投递简历。我建议候选人慎重递简历，但要积极去沟通。每次跟猎头顾问沟通，你都是在建立个人品牌。个人品牌是通过你的有效沟通，包括你对职业规划前景的理解等方面去传递信息的。有些猎头顾问只是催促你发送简历，但如果对猎头顾问和目标岗位没有充分了解就贸然投简历，是存在一定风险的。有些猎头公司可能在没有与候选人进行充分沟通甚至尚未得到对方对目标职位认可的情况下，就把简历发给了客户方。这样做很可能招致你和现任雇主关系紧张。

而且，在按结果收费的猎头招聘模式下，雇主有时会和多家猎头公司同时合作。如果一位候选人被多个猎头顾问同时推荐，可能给雇主造成某种负面印象，订为这位候选人急于离开现雇主企业。所以，切记要慎重投递简历。你需要多听、多问，如果猎头顾问对雇主提供的岗位信息不了解，却匆匆要求你提供简历，那么这通常不是个好兆头。

我想说的最后一点是，高管要学会主动对招聘过程负责。当招聘开始推进，有时你可能会面对意外情况，比如猎头顾问对招聘流程失去把控，或者雇主负责招聘项目的团队突然换人，抑或客户公司内部对招聘方向产生歧义等。这时你已经进入招聘流程，比如已经处于面试阶段，或是更深入的阶段，甚至你是最终人选之一，如果此刻发生了意外，你需要主动介入招聘，不能完全依赖猎头顾问，尤其当招聘顾问显然已经无法有效驾驭招聘进程时，你更应该选择主动介入。

这种情况通常是有迹可循的，比如猎头顾问和你的沟通节奏突然变缓，对方提供的信息出现矛盾，有些关键信息不明确，等等。这时你需要站出来，主动和雇主企业负责招聘的项目负责人进行沟通。

我曾经看到过一些这样的成功案例，高管在招聘列车脱轨之前，果断选择主动介入，最终挽救了招聘项目。当然，这样做的前提是候选人有明确意愿要加入雇主企业。如果你发现招聘项目因某种原因而停滞，迟迟无法推进，你要主动和雇主方的项目负责人取得沟通。当然，我并不建议候选人抛开猎头顾问，但必要时你需要主动出击，不要觉得招聘的事交给猎头顾问就可以撒手不管了。

候选人和猎头顾问之间需要有对彼此专业性的信任，但这并不意味着你应该被动等待和应对。招聘项目如同一场球赛，候选人和猎头顾问在同一场比赛里，如果你发现队友独木难支，就要主动承担更多责任——你们的最终目的是赢得比赛。

至于和猎头顾问的日常联系，你可以选择每过一段时间就拿起电话和猎头顾问进行简单沟通，告知对方你的现状，并询问市场信息；如果恰巧有个外部机会，你也可以听听对方的意见，请其从专业角度提些建议。其实，维护关系并不需要花太多时间，尊重彼此繁忙的日程安排，不必频繁地跟猎头顾问联系。

***

托妮问："关于个人品牌的话题很有趣，候选人通常怎样做才能给人留下深刻印象？"

我回答道："这个问题，我们可能要另外找机会再聊聊了。高管的个人品牌是个极为重要且很有意思的话题，得多花点时间来解释。你也可以想想，你们电影行业里是否也有个人品牌的存在。"

说到这里，清水剧场外响起了两声清脆的钟鸣——午餐时间到了。按照惯例，不管岭有多少来客，开饭前都会以鸣钟作为就餐提示。和托妮东拉西扯地说了那么多，我早已饥肠辘辘，听到钟声便趁机结束了交谈。餐桌上老韦已经准备了丰盛的午餐。

午餐是法式煎羊排。盘中是金黄色的土豆和粉嫩的羊排，上面撒了些暗绿色的迷迭香，被薄薄的柠檬片衬托着。还没走到桌边，我就闻到了扑鼻的香味。老韦准备的美食很快被我们风卷残云地消灭了。望着面前的空盘，我有些意犹未尽。

猎头说

- 高管需要有个人职场规划。如果没有清晰的职场规划，那么很可能受到外部因素的影响，难以准确地判断和把握机会。
- 在职业生涯中，应该不断修正职业规划，反复向自己发问，因为答案会随着年龄和职场发展的变化而变化。这是个自我调整和修正的过程。
- 候选人对自己的需求越清楚，职业目标感越强烈，与猎头顾问以及雇主的交流越高效，越容易判断市场机会是否和自己的职业规划相契合。
- 请定期更新自己的简历，不要给猎头顾问一份陈旧的简历。
- 如果你决定和猎头顾问讨论，请尽量面谈，给猎头顾问留下全面而深刻的印象，那远比发送一份简历或打一通电话沟通更有效。
- 良好的猎头和候选人的关系是动态的，双方是互相尊重和信任的专业关系。
- 和猎头沟通保持开放的心态，虚心倾听，了解雇主反馈，学会从负面反馈中学习。
- 不要刻意误导猎头顾问，坦诚与之沟通——你的职业声誉很重要。
- 筛选合适的猎头顾问与之合作，并和他们保持长期联系。
- 高管要学会主动对招聘过程负责，要有能力主动介入招聘进程，不要完全依赖猎头顾问。

第 4 章
当猎头来敲门

下午天气很好,老韦邀请我帮忙平整隐修林停车场的路面。所谓的停车场其实是块平坦的土坡,在隐修林入口处的坡底,那片林间空地能停放十多辆车。老韦说,因为雨季时被从坡顶流下的雨水反复侵蚀,在停车场一侧形成了很多深浅不一的坑洼。趁着天气好,他打算今天把停车场的地面用砂土修整一下。

老韦做事很有章法,从来不会随性而为。开工前,他便准备好了工程所需的砂土——就是搅拌均匀的碎石子和泥沙。老韦开着小货车把砂土运到停车场卸载成堆,我用铁铲将砂土填满凹陷的土坑,填好后老韦再驾车将路面反复碾压平整。工作很简单,强度也不大,完工后老韦谢过我便驾车离开了。我望着由自己动手修整过的停车场,心里格外舒坦。我突然意识到,很多时候,压力和焦虑其实可以通过简单的体力劳动来调节。

晚饭后,老韦带着亚历山大巡夜去了;托妮和剪辑师约好电话讨论蒙古纪录片的后期制作,也一早回房间了。托妮这两天有点心事,言语之间听起来像是跟电影项目的资金有关,不过她没有跟我说,我也不好追问。在剧场喝了杯茶,我就回房间了。

回到小木屋，我躺在床上，读着从剧场借来的书。那是张上下铺的木床，窄小而稳当。大学毕业后我已经很多年没睡过上下铺了，突然有种重回校园的感觉，熟悉又陌生。我把行李放在上铺，自己则睡在下铺。

胡思乱想中，我逐渐入睡。凌晨三点多，我被屋外的风声惊醒，才发现自己竟然没关灯便睡着了。此刻林间传来有节奏的松涛声，小屋如同沧海中的一叶孤舟。我突然有种莫名的孤独感。

我决定再睡一会儿，继续和时差对抗。然而，直等到凌晨六点，我才重新睡去——那时候天还没亮。

加拿大的冬季漫长且黑暗，天黑得早，亮得又晚。醒来的我不想出门，便留在屋里继续看书，顺便处理了一些商务要件。下午我又开始犯困，便放弃和时差较劲的想法，索性拉上窗帘继续睡，没想到一觉居然睡到黄昏。

我在木屋的单人床上醒来的时候，橙色的夕阳正斜照在窗帘上。我头痛欲裂，一时竟想不起来自己身在何处。几声钟鸣终于把我唤醒，那是隐修林就餐前的惯例。不管是否有访客，餐前钟声必然敲响。

"咖啡？"托妮把杯子递给我。

我接过咖啡，托着头，坐在清水剧场客厅里，揉着太阳穴，指望头痛能有所缓解。时差完全混乱，看来今晚我不可能早睡，索性想做点什么就做点什么吧。咖啡很棒，味道浓醇。托妮帮老韦准备晚餐，我则坐在餐桌边等着开饭。我几乎 24 小时没吃东西了，看到桌上的美食胃口大开。

063

吃完晚饭，我和托妮留在剧场继续聊天。新煮好的咖啡醇香浓郁，托妮把一杯咖啡放在我面前，我喝了一口，开始讲述今天的猎头话题。以下便是托妮根据我的讲述所整理的内容。

***

咱们之前讨论过的话题，包括如何甄别好猎头和坏猎头，也讨论了如果高管已经找到一个比较合适的猎头顾问，如何跟猎头维持关系。今天所讲的是一些具体问题，如何接听猎头顾问的电话，这些都是有讲究的。

多数情况下，猎头顾问与候选人接触时会通过电话采访，或者致电进行初次接触。

在高管招聘流程中，猎头顾问通常会首先选择通过电话或邮件与候选人接触。如果无法电话联系，有时也会通过邮件和候选人建立联系；但他们通常会尽量避免采用这种方式，因为使用候选人的工作邮箱联系可能会造成不便，并很难通过电邮沟通有效了解和评估候选人的状况。因此，电话仍然是猎头顾问初次联系的首选方式。在高管招聘行业中，猎头顾问初次电话接触的目的实际上是进行对潜在候选人的基本资格评估。猎头顾问每年要运作多个招聘项目，项目需求各异，虽然优秀的猎头顾问会尽可能多地结识市场上的优秀人才，了解他们的职业发展意愿和规划，但毋庸置疑的是，猎头顾问毕竟不可能认识所有的候选人。

按照高管招聘的常规流程，初步接触多半会以电话方式进行，而这一步通常由猎头公司的招聘专员负责，也就是猎头顾问的助手。他们会筛选潜在候选人，并安排猎头与候选人的首次面试。

有时猎头顾问可能接到某些新兴行业或初创企业的招聘需求，该行业或企业可能是猎头顾问过去没有接触过的，职位也是新设立的。比如，我有个客户是一家国外传媒广告企业，它们请我们为新增设的数码营销副总裁职位招聘一位合适的人选。该职位是我们完全没有接触过的。在这种情况下，我们的团队需要在短时间内快速学习并了解该领域的人才状况。招聘团队所接触的候选人全部来自全新的人才库，他们都是初次与我们团队打交道的人。

猎头顾问的助手通过电话寻访，确认候选人初步符合目标职位需求后，会邀请候选人与猎头顾问进行面试，然后展开进一步讨论。

所以，首次电话接触相当关键，因为候选人如果对初次电话沟通的处理方式不当，就有可能丢失潜在的市场机会，提前被淘汰出局。

当你接到猎头顾问的电话，别轻易挂断电话。据我的观察，招聘团队的初次接触电话有时会被候选人匆忙甚至无礼地挂断。很多高管日常工作繁忙，而且可能猎头的电话响起时他不方便接听，这都能理解。但这些不应该是匆忙挂断来电的理由。道理很简单，因为这是猎头顾问对你的初步印象。谁都知道初步印象的重要性。

如果不方便接听，你可以如实告知猎头，建议另找时间通话，然后按照约定的时间跟进。无论如何，哪怕之后你判断机会不合适，也不会因为首次接触的处理方式不当而留下负面印象。对招聘团队来说，这可能是你们的首次联系，但未必是最后一次联系。

招聘团队还经常碰到的一种情况是，因为接触猎头的机会较多，或者市场需求旺盛，外部机会集中出现，高管们的心态也可能产生变化，和猎头顾问沟通的目的性过强。比如，我曾遇到候选人在电话里开门见山地说:"我们别浪费时间了,您直接告诉我职位薪酬待遇如何,对方的预算是多少。"这种沟通方式不但让候选人看起来缺乏专业素质(他甚至不想了解这个机会的发展前景,只对薪酬感兴趣),也显得对猎头缺乏尊重,这会让候选人的个人品牌价值严重贬值。如果你对自己有长期的职业发展规划,不至于自毁招牌,请务必避免这种沟通方式。

当然,同样的原则也适用于候选人判断猎头顾问。如果你接到猎头顾问的电话,对方张口就试图以一份丰厚的待遇来打动你,我建议你远离这样的猎头顾问。

如果候选人把职称和待遇作为找工作的首要考量标准,对猎头顾问来说是个警示信号。其实,专业的猎头公司,尤其是在高管招聘领域,在没有充分了解候选人情况、确认对方是潜在人选之前,猎头顾问不会轻易提供雇主职位的详细信息。

我至今还记得,有位毕业于常春藤名校的野心勃勃的年轻候选人,每次接到我们团队电话时的第一个问题总是:"是个SVP(副总裁)职位吗?"不用说,他的名字很快便从候选人名单上被抹去,招聘团队再没联系过他。

另外,你要知道,很多招聘项目实际上是动态的。我一直强调动态,是因为很多情况的发生取决于多种因素之间的互动。候选人和职位匹配度、招聘过程中是否有其他等同候选人、雇主方招聘任务时间的紧迫性等因素都会令雇主对职位预算,包括薪酬待遇等细节进行相应的调整。所以,当候选人对职位尚不了解时,单纯地纠结薪酬待遇是绝对要避免的。

还有一种经常发生的情况是,当猎头顾问和候选人进行电话接触时，候选人要求猎头顾问把雇主职位描述发到邮箱，看过后如有兴趣再与猎头顾问联系。

这个要求听起来似乎很合理，但我并不建议候选人这么做。首先，要避免使用工作邮箱，即便只能通过电子邮件沟通，请用私人邮箱和猎头沟通。公司的电脑系统可能会自动删除或屏蔽来自猎头公司的邮件，而且这么做也不够专业和谨慎。

其次，越是关键和高级别的职位，在所谓的职位描述里所呈现的信息越少。我见过有些重要职位，在招聘过程中根本没有传统的职位描述文件。这里有雇主企业对保密性的考虑，也是高管招聘的惯常做法。

比如，某地区总裁的职位，候选人很可能无法通过一份职位描述文件了解多少信息。这和中低级别职位招聘流程全然不同。高管招聘时职位简述的实际用处很有限。多数情况下，候选人需要听取猎头顾问对雇主职位的介绍，包括对招聘项目背景的介绍，更重要的是通过候选人与雇主方主管的面试，尤其是与职位上级主管面试时，获取对职位信息的充分了解。这是最重要的信息来源。

候选人很少通过猎头以电子邮件形式发送的职位描述文件来对机会做出判断。对双方来说，这并不是高管招聘的决策方式。但很不幸，有不少高管因为工作忙碌，或者受职业阶段早期和猎头沟通方式的影响，仍习惯于以电子邮件的方式进行沟通。

候选人与猎头的沟通方式是需要不断调整的。针对职场的不同阶段，必须相应地改变和猎头顾问打交道的方式。如果因某种特殊原因，你只能通过电子邮件与猎头顾问沟通，并且只能通过职位简介书做出判断，不管你对该机会是否有兴趣，从职业尊重的角度出发，请务必跟进并向猎头顾问告知你的想法。

在招聘过程中，我们曾经遭遇这种情况：招聘团队成员努力与高管取得联系，并按对方的要求提供了相关职位信息，之后便石沉大海，收不到对方的任何答复。这类情况如果一再发生，那这些候选人今后可能再也不会收到猎头顾问的电话了。对候选人来说，这不是很好的个人品牌经营方式。未来的某一天，当候选人需要找工作并需要跟猎头顾问联系时，他们很可能因为自己之前采取的不恰当沟通方式而被排除在候选人名单之外。

我们经常碰到的问题之一，就是候选人与猎头顾问打交道时，总是好奇对方是怎么找到自己的。答案其实很简单，猎头顾问的工作就是在市场上寻找人选。他们往往有很多信息渠道，通过信息库、桌面调查和他人推荐等方式来发掘潜在候选人。出于对信息渠道的保密，他们未必会告知你具体的渠道来源，这个问题其实候选人无须追问。

另外，候选人在与猎头顾问进行电话沟通时最好寻找合适的时机。如果你现在恰好有时间接听电话，或者你知道对方来电的目的是评估你作为候选人的基本资格，那么当你决定开始讨论前，请选择合适的场所，不要边用电脑边聊，或者边吃边谈，更不要在出租车或嘈杂的咖啡馆里跟猎头顾问讨论，这会影响讨论的质量，而且如此随意沟通也会让他人质疑你的专业性。更关键的是，作为首次沟通，不管你对工作机会是否有兴趣，主要目的始终是进行自我展示，通过简短的自我介绍，为猎头顾问团队留下良好的个人印象。

我再次强调，很多时候，第一印象将会是持续印象，这种印象一旦产生是不容易改变的，所以你要特别注意。

第 4 章 当猎头来敲门

当你进行初次沟通时,尽量选择安静且不受打扰的环境。告诉秘书或同事,不要安排会议或其他行程,留下充足的时间,切忌谈话刚开始时你就要赶赴下一个会议。

另外,你跟猎头顾问在电话沟通时尽量保持积极正向,没人喜欢跟一个满是负面情绪的人打交道。不管你再优秀、再资深,都希望你能给猎头顾问留下一个良好的个人印象。这既是常识,也非常重要。因为你永远不知道来自猎头顾问的电话什么时候响起,可能你恰好忙碌,或者刚碰到公司里棘手的事情,而猎头顾问却不知道你当下的情况。

电话沟通不是面试,看不到情绪和肢体语言。接听电话时,保持积极态度,通话时面带微笑。虽然无法看到彼此的表情,但是情绪和态度绝对能通过声音传递给对方。

单凭声音沟通,如何控制信息流?如何通过声音建立某种印象?比如,语调高低、语速快慢等都会令对方形成对你的某种印象。正因如此,猎头公司在培训顾问时会专门进行电话沟通技巧的培训。

既然你在职业生涯里会无数次接听电话,其中也包括猎头顾问的电话,那么不妨花一点时间,了解有效电话沟通的基本技巧,让沟通达到更好的效果。

当高管接到猎头公司电话时,他们首先要做的是了解猎头公司的运营模式,询问对方是一家预付费模式的公司,还是结果收费模式的公司。这是猎头公司的两种基本收费模式。通常预付费模式的猎头公司专注于公司的资深管理岗位级别,该模式通过合同绑定了合作关系,按照项目进行收费。即便在项目结束时没能成功完成招聘,客户仍需支付服务费用。这有点类似律师事务所,按案子收取服务费,不论官司输赢。

按照结果收费的猎头公司，则以项目是否成功完成招聘为准来收费。雇主如果没有招到合适的人选，就不需要支付猎头公司的费用。这种类型的猎头公司为数更多，通常侧重初级和中级岗位的招聘，而在成熟市场的大型或知名企业高管招聘的时候，则较少通过这种招聘模式来完成。在该模式的招聘过程中，雇主甚至会同时启用多个猎头公司为同一岗位进行招聘，当然这也是高管招聘会尽量回避的情况。

高管招聘人才库中的候选人数量相对有限，不像初级岗位有为数众多的候选人可以筛选，而且这个级别的招聘对猎头顾问的要求很高。如何传达雇主企业信息，如何影响候选人的决定，这些都需要有技巧地完成。猎头顾问的沟通方式将会直接影响候选人对机会的兴趣和判断，还会影响客户企业的品牌形象。不过这些是题外话，可以另找机会讨论。

还有一点，根据电话沟通中了解的初步信息，如果已经有明显的原因让你选择不考虑猎头顾问所推荐的机会，比如该职位需要在异地工作，或者这份工作有些明显的客观条件让你不可能接受，我建议你不要只是表示感谢后就挂断电话，你可以考虑一下是否能给猎头顾问提供些许帮助。

对方推荐市场机会，即便你不感兴趣，或许有朋友或其他合适人选能够获益，如果你愿意推荐，有助于你和猎头顾问之间建立良好的关系。这样做你不但可能帮到正在寻找外部机会的朋友，还会收获猎头顾问的好感和谢意。你愿意帮助别人，别人自然也会愿意帮你。将来有其他合适的招聘机会时，猎头会更主动地联系你，而不是找曾经粗鲁地挂断猎头电话的人。有些事不过举手之劳，帮人帮己，何乐而不为呢？

因此，无论猎头顾问推荐的机会是否适合自己，即便你不会考虑这个岗位,也请表示感谢。毕竟对方想到与你联系,专程找时间为你做介绍,你们也有意愿保持接触,在未来的职业发展中继续探讨其他机会。

有些高管,特别是在自己职业发展顺利时,经常会接到猎头顾问的电话,他们难免会生出一种优越感,认为自己是抢手的热门人才,于是粗鲁傲慢地对待猎头团队。这种情况并不少见,我觉得这是一种错觉和短视的态度,很令人惋惜。

很少有人在职场发展中能全程保持热门和抢手,大部分人都会经历起伏。一位候选人在职业高峰时对待猎头顾问和他人的态度,可能会在其跌入低谷时收到相应的反馈。有因必有果,把目光放长远一些,多给自己种些善因。猎头顾问也有行业圈子,高管和猎头打交道的方式,表明了自己是个什么样的候选人,所以应该想想什么才是和猎头沟通合适的方式。

另外,跟猎头顾问电话交谈是个双向沟通的过程。作为初期甄选流程,猎头希望更多地了解你的工作状况、背景、工作能力和业绩。你也可以利用电话沟通的机会,了解猎头顾问的致电原因。猎头顾问在与你进行常规接触时是否有具体招聘项目,还是有招聘需求?如果有,机会是什么?对高管职位,你可能无法在首次电话沟通中全面了解这些信息,但还是应该尽可能多地搜集信息,甚至需要在字里行间揣摩对方的意图。

除此之外,招聘团队可能还需要了解候选人目前的大致薪酬水平,他们需要对候选人的收入情况有基本的了解,以判断其能否和雇主提供的岗位相匹配。

如果候选人目前的待遇和目标职位与之差距较大,那么雇主大幅修改目标职位的薪酬预算的可能性较小，所以招聘团队需要了解基本情况。高管的收入结构通常比较复杂，其中有期权、现金、奖金（包括固定奖金、浮动奖金、签约费，以及多种福利），猎头顾问与候选人在首次接触时，并不需要对方把薪酬待遇逐项列出，通常只需大致了解即可。

候选人回答薪酬待遇问题时要格外谨慎，你要确保提供给猎头公司的信息是真实的。我曾经有几次不愉快的经历，候选人告知招聘团队的薪酬级别和项目后期提供的详尽信息差别很大，这会损害候选人的可信度。你必须明白，这样会让你和猎头顾问在客户面前的专业度都受到质疑。切记不要夸大，要注意，如果项目初期你不方便回答，你可以直接告诉猎头顾问；如果你的薪酬待遇结构很复杂，等你整理好后再回复。无论如何，不要随意报数，这对候选人的可信度会有负面影响。

这些是我们跟高管接触时经常碰到的情况。总的来说，候选人的职业素养和对高管招聘行业的了解程度，决定了猎头的招聘是否成功。要知道，每个猎头顾问的来电都有可能是改变你人生轨迹的那通电话。作为资深专业人士，你要带着这样的认知去接电话，尽量展示你的专业性。任何与你合作的服务商，包括猎头顾问，都可能是改变你职业发展的一个助缘，尽量让它成为善缘，避免成为恶缘。你最好以专业的方式对待猎头顾问，把自己能掌握的因素努力运用好，这就是对自己最有价值的帮助。

另外，你要善待那些年轻的猎头团队成员。和大部分成熟市场相比，猎头行业在中国仍然属于一个新兴行业，也是人员流动性较高的行业，有很多年轻从业人员都是刚进入这个领域。即便是一家世界知名的高管猎头公司,也无法保证机构里的每个人都是有经验的猎头顾问。

我之前说过,在高管的招聘流程里,资深猎头顾问——那些真正的猎头大咖——与你接触前,往往是通过招聘专员和候选人进行初步联系与首轮接触的。所以,当猎头顾问的电话响起时,对方很可能是某位猎头大咖的助手,也许是位大学刚毕业的年轻女士,甚至她是首次与候选人联系,所以听起来她可能没那么自信和缺乏技巧,但是高管们应该清楚,不要贸然拒绝一个好机会,因为你需要见到资深猎头顾问,才能充分展示自己和了解岗位信息,匆忙回绝或傲慢回应,很可能让你过早地错过一个好机会。

总而言之,高管们必须清楚自己所面对的市场环境。当与你打交道的是家国际知名猎头公司,当你知道对方是个预付费招聘模式的企业,你需要提醒自己,你的目的是见到雇主方核心高管团队和负责项目的猎头顾问,他们才是掌握核心信息的关键人物。

如果一个初入猎头行业的招聘专员,在与候选人打交道的过程中受到不合适的对待,可能他未来不会再次和这位候选人联系,而猎头顾问对此却并不知晓。也就是说,这位候选人很不幸地被排除在未来机会之外。

另外,高管们需要知道,有相当多的招聘属于保密项目,猎头公司和雇主之间签过合同,确保不能透露雇主信息。这种情况即便候选人追问,猎头顾问也不可能透露需要保密的信息,否则将面临违约。

总而言之,候选人需要知道如何接听猎头公司的电话。你要推销自己,更要倾听;你既是采访者,也是受访者;要知道如何发问、问哪些问题,并从对方的回答(包括回避)中理解对方的真实意图,帮助自己进行判断。更重要的是,你要把每次和猎头公司的通话作为一个结缘的机会,站在长期职业发展的角度和猎头接触。

***

我唠唠叨叨地说着,托妮双手飞快地在键盘上噼噼啪啪地敲击着。我根本不需要减慢语速来等她打完。她告诉我,这有赖于她早年的训练。她曾经担任一位美国著名编剧的助手,据说那位编剧还拿过金球奖。老爷子年纪大了,眼神不好,只能以口述方式让助手把剧本记录下来再整理。剧作家的思路一旦打开就如行云流水,不能打断,所以几年下来,托妮练就了听打的本事。

"喂,托妮,我是不是讲太多了?这些内容会不会很沉闷?"我问托妮。虽然做了十多年的猎头顾问,但我从来没跟人系统地讨论过猎头的经历,更没有跟电影编剧打过交道。我担心她会觉得我说得过多、过细,或者觉得太沉闷。

"完全不会,"托妮坚定地摇头回答道,"对编剧来说,每个角色都需要有完整的人物小传,虽然这些背景故事通常在电影里不会显现,却构成了角色性格和行为逻辑。背景信息越丰富,角色就越真实可信。有的编剧甚至会为主要角色单独写作人物传记,有些人物小传甚至长达十万字。"她的回答让我多少感到些许宽慰。这些年来我的谈话对象多数是跟托妮的身份截然不同的企业高管,我尽量保持信息量适中,避免过于艰涩。

第 4 章 当猎头来敲门

猎头说

- 猎头顾问首次与候选人接触时，通常会通过电话或电子邮件的方式。
- 在高管招聘的实践中，初次与候选人电话或电邮联系，通常由猎头顾问的助手负责，他们会筛选潜在候选人，促成候选人和猎头顾问的首次面谈。
- 首次电话接触非常关键。如果沟通不当，可能丢失潜在市场机会，致使潜在候选人被提前淘汰。
- 和猎头顾问沟通时应避免过于目的导向，这会让候选人显得缺乏专业素质，也对猎头顾问缺乏尊重。
- 候选人需要通过和猎头顾问及雇主方交谈，充分了解岗位情况，这是最重要的信息来源。
- 电话沟通时保持积极正向，没人喜欢跟一个满是负面情绪的人打交道。
- 电话交谈是双向沟通的过程，候选人应该利用电话沟通的机会，了解猎头顾问并收集信息。
- 回答薪酬待遇问题要小心，确保提供的是真实信息。
- 注意善待那些年轻的猎头团队成员。
- 有些招聘属于保密项目，猎头公司不能透露雇主信息。

第 5 章
和猎头打交道时要注意的风险

午夜前，我独自返回了林间小屋。没想到这次旅行的时差反应如此严重，导致我根本无法入睡。

我本打算给国内打几个电话，离开上海时还有几个招聘项目处在收尾阶段，有几位候选人和客户需要联系。但林间小屋没有手机信号，这里除了高大的松林和隐匿在群山里的野生动物，根本找不到城市生活中司空见惯的基础设施。我对此并无抱怨，这正是我离开上海试图寻找的旅行经历。木屋里既没有电视，也没有手机信号，唯一能做的只有阅读。

不知过了多久，我终于入睡。早上连续的敲门声把我从梦中惊醒。我睡眼惺忪地打开门，托妮站在门口笑盈盈地说："早上好！老韦和我要去斯夸密什（Squamish），他让我问你想不想同去。"

斯夸密什是个小镇，从隐修林下山到镇上大概需要 40 分钟车程。斯夸密什是当地印第安方言，意思是"风之母"。在有历史记录前，印第安人就已经在当地生活，欧洲人到来后这里被改名为纽波特（新港），后来又被重新改回原来的名字。

第 5 章 和猎头打交道时要注意的风险

这个山谷中的安宁小镇被雪山围绕，前往隐修林的路上我曾途经那个小镇，但没有停留。托妮把宫本和亚历山大留在了营地，随老韦和我下山。她说两条狗在山上自由惯了，不需要被主人带着遛达。

除了采购，老韦下山主要是做车辆养护，我和托妮在镇中心下车后，他便前往当地维修厂进行年检。那辆福特越野车是山上唯一的交通工具，老韦格外爱护。趁托妮去超市采购，我独自在小镇漫无目的地闲逛。这座以丰富户外运动著称的小镇有点像波希米亚风格，镇子不大，加上我不爱逛街，不到半小时我在镇上转了两圈便无事可做，于是提早到了约好的星巴克咖啡馆。

星巴克门口停满了摩托车，穿皮衣的骑手们聚集在咖啡馆旁，大概是骑行旅途中的休息。骑手们交流着关于摩托车的话题，黑黝黝的哈雷摩托在阳光下发着光，代表叛逆精神的摩托车和缺乏个性的连锁咖啡馆看起来有点不搭。我走进店里，刚买了杯咖啡，便看到托妮朝咖啡馆走了过来。

托妮看了看时间，离和老韦约好的碰面时间还有半小时。她催我赶快回到关于猎头的话题，我想了想便开始了讲述，以下便是我告诉托妮的内容。

***

今天讨论的话题是跟猎头打交道的风险。

我们之前已经讨论过的话题，包括如何辨识好猎头，以及选择了猎头顾问后如何跟他们保持合作。我们也讨论了接到猎头电话该如何有效沟通，以及猎头能带来的潜在价值。

接下来我们讨论一下和猎头打交道的风险。因为高管和猎头之间的关系，从某种程度上看如同双刃剑，找工作对高管来说存在一定风险。候选人和猎头合作中高管们需要保持谨慎，让我们逐一来看看。

第一点，作为候选人的你，有可能被猎头顾问定型。当猎头顾问和高管研判其个人职场定位时，顾问们往往有自己的看法，这些观点可能令高管的个人品牌类型化，以及定位固化和窄化。

托妮说电影行业有个词叫"typecast"，是指演员被反复要求扮演同一类角色。有工作当然好，但弊端是演员一旦被定型，戏路会变窄，很难实现突破。

在招聘行业里，候选人也存在这样的风险：一旦被定型，虽然有可能会带来机会，但可能会让你被绑定在某类机会上，包括行业和工作岗位。这就需要高管在职业规划时尽量保持一种开放心态，不断寻求突破并且保持好奇心，并且与猎头顾问合作寻找个人职场定位时，尽量避免过度窄化。

要避免这个风险，首先必须了解自己。人设是高管自己必修的功课，不应该交给他人完成。猎头顾问能提供专业帮助，但是职场定位应该以高管为主来完成。另一方面，高管需要和猎头公司沟通和研判，告诉对方自己的顾虑，比如，自己的角色定位是否目前被过度窄化，职场人设是否需要修改甚至重塑，了解自己有无其他机会等。

我们曾经说过，候选人不要期待猎头顾问会像私人管家一样照顾自己。不管是跟猎头顾问的关系，还是和雇主企业的关系，包括职场各种人际关系维度，都需要尊重与你互动的一方，尊重对方的专业性，但同时记得做自己需要做的事，不能一味地把所有主动权都交给对方。

第 5 章 和猎头打交道时要注意的风险

当高管跟一位资深猎头顾问面试时,那位资深猎头顾问可能会在谈话中占据主导或强势位置,因为他掌握的信息更多,特别是包括雇主方的职位机会信息、背景资讯、市场情报和他所了解的职场信息,所以他可能会给候选人造成某种心理压力,使候选人觉得猎头经验丰富。经验不足的候选人,或者对跟猎头打交道缺乏经验的候选人,在对话过程中会被猎头顾问主导。

猎头顾问当然也希望高管能获得合适的岗位机会,但毕竟招聘企业才是猎头的客户,他的任务是完成企业方的招聘项目。候选人需要牢记,一定要保持平衡。这有点像跳舞,你不能呆立不动而全靠对方领舞,即便是最有经验的舞伴,也没法拖着你跳舞,要学会共舞。

第二点,其实跟刚才谈到的有些内容相关,猎头公司有时可能会忽视你的个人期待和真正喜好。当猎头顾问接触候选人时,如果他们手中有明确的招聘项目,他们会尽力帮雇主完成该岗位的招聘工作。

所以,当猎头顾问在筛选候选人时,他们可能会站在先入为主的主观角度,主动检索对方与该招聘项目相关的一些技能和经验。也就是说,如果你把简历交给了猎头顾问,他会有针对性地在你的简历中检索跟雇主招聘职位相匹配的关键词,他会重点挖掘你在那些方面的经验和经历。但这可能会导致一个潜在问题:在猎头和你的沟通中,你的职业兴趣和目标没有得到充分的表达。正如刚才所说,你被猎头顾问以客户招聘项目为出发点牵着走,猎头顾问把交流带到了一个他所感兴趣的方向。

因此,和猎头顾问沟通应该有明确的目的,知道自己想要达成什么结果。高管应该知道自己的职业规划方向,应该对自己的价值、经历和经验的重点有所判断，应该平等地与猎头顾问沟通自己的想法，包括职业兴趣等。

此外，跟猎头顾问打交道还需要较为成熟的心理状态。

作为候选人，你可能会经历类似失恋的感受，比如你作为某招聘项目的候选人，当你进入招聘项目的某个阶段时，猎头公司可能和你保持高频联系，但当你被客户排除后，你可能会发现猎头顾问明显减少和你的交流次数，甚至销声匿迹了。此时你如果感到失落完全可以理解，因为在过去的数月中，猎头团队始终与你联系密切，积极安排面试，主动进行指导并提供反馈，而今却突然变得沉默，就像恋爱中的一方突然变心，让人感到极不舒适。很多时候，猎头顾问与候选人的关系恶化，往往是因为一方或双方没有处理好这种情况。

从候选人角度来说，他们需要保持成熟的心态，别忘了猎头顾问的首要工作是帮助雇主寻找合适的候选人，并且帮助雇主完成招聘项目；而不是照顾每个候选人，让每个候选人时刻保持开心；更不是陪伴候选人，直到他们找到满意的工作。

这一点要始终牢记，因为我经常碰到候选人怀有这样的心态：觉得自己和某位猎头顾问相处甚欢，几乎无所不谈，于是便把想法全盘交付给对方，并抱有不切实际的预期，期待猎头顾问会一直陪跑，直到自己找到心仪的工作为止。实际上，完全不是这么回事。猎头顾问的任务是帮雇主完成招聘项目，而不是帮助候选人找到理想工作。

另一方面，作为候选人，你要对自己有客观评价且保持平和心态。当猎头顾问和你接触并讨论招聘项目时，为了影响你的决定，他们可能会有意提升你的自我价值感，提高你与招聘顾问团队合作的兴趣，让你自我感觉良好。此时，你需要做到宠辱不惊，任凭猎头顾问如何夸赞，你都得清楚自己的真实水平。

如果对方告诉你的是你自己都没有意识到的优点，那很好；如果对方过于夸大，那也不必当真。在招聘过程中，你要始终保持良好的心态。当你从候选人名单中落选，猎头不再与你积极联系时，并不意味着猎头顾问缺乏专业性，而是他们可能仍在紧锣密鼓地试图完成招聘，以维系与其他候选人的关系。你不必情绪化地评价这次招聘经验，等这个项目结束后，你可以和猎头顾问保持沟通，听听对方对招聘项目的反馈，以了解自己在哪些方面可以改进。要和猎头顾问保持联系，为下次招聘合作做准备。

还有一个与简历相关的话题。在高管招聘中，我们讨论过保持简历更新的重要性，要确保简历如实地展现了当前的工作经历和成就。但你也要知道，按照高管招聘行业的惯例，不管你的简历多么完美，猎头顾问都不会把你提供的简历直接发送给雇主方。

按照高管招聘的行规，猎头顾问需要为候选人量身定制简历。简历的基本内容来自候选人提供的简历，以及猎头顾问与候选人的讨论。候选人通常看不到这份呈交给雇主的简历。猎头顾问会按照招聘项目的职位需求来准备候选人的简历，与职位无关或关系不大的经历可能会被删减，而猎头顾问和候选人的面谈中获取的信息可能会被加入简历。这将是一份与招聘职位有较强相关性的简历。注意，这是一份猎头顾问为客户勾勒的候选人画像，而不是候选人的自画像。这是猎头顾问根据自己的判断做出的。

而猎头顾问的判断是基于他们的视角，有些候选人自认为有价值的信息，客户未必看得到。举个简单的例子，如果你在职业早期曾经有某段特殊经历，比如你曾在政府机构任职，熟知如何跟不同个性的上下级沟通，但在招聘过程中，你作为高管候选人竞争某招聘岗位时，猎头顾问可能觉得那段经历跟招聘关系不大，因此会被简化或删除。但是，你作为候选人却知道那段经历对你来说至关重要，或许你从中学会的很多处事技巧至今仍让你在工作中受益，你很希望客户能了解这段经历。

因此，候选人在与雇主方面试时，要主动把握沟通的方式和视角。任何你认为有价值的信息，哪怕猎头顾问持不同观点，请相信自己的直觉。因为你对自己最了解，个人经历的价值对你的重要性只有你自己才能评价。

举个例子，某位候选人可能曾在某贫困地区工作，担任医疗项目的义工，他曾经在资源极度匮乏的情况下完成了某个志愿者项目。从表面看，这段经历跟职场没有太多关系，却可能跟雇主提供的职位所面临的挑战直接相关。

这可能是候选人展示个性特征的机会，千万不要错过。如果有这样的故事，一定要抓住机会讲出来，因为这种经历通常会给听众留下深刻印象。

对此托妮也表示赞成，她说电影里也有这种时刻，剧本写作里有时叫作"触摸人性的时刻"。

简而言之，候选人跟猎头顾问因为视角不同，不可能在每件事上都能保持观点一致。

你认为有价值的经验和经历，猎头顾问未必认同。遇到这种情况时，请相信自己的直觉，当你充分了解雇主的职位需求时，你应该是自己的终极推荐人，而不是猎头顾问，不要把所有工作和责任都交给猎头顾问。

刚才说的是关于简历的风险。讲到和猎头打交道的风险，还有一点是高管对面试要保持谨慎。有时猎头顾问可能会安排你去参加面试，而你可能只是扮演一个跑龙套的角色。所谓跑龙套，就是说在招聘项目中，猎头顾问往往需要给雇主方推荐数位短名单候选人，有时鉴于项目难度，他们无法找到足够的候选人，此时尽管猎头顾问知道某些候选人并非合适人选，但是出于上述原因，候选人仍会被猎头推荐给雇主。

这类候选人被定义为非常规人选，有时猎头顾问会将其作为陪衬人选。这种现象在猎头行业里并不罕见，而非常规人选被客户选中的情况也偶有发生。这种情况的风险在于，你可能对自己的角色并不知情。大概有点像电影行业里演员试镜时却不知道角色戏份的重要性。这时如果候选人有不合理预期，很容易产生失望情绪，甚至产生负面后果。

听到这里，托妮问了一个问题："会不会有些时候，高管还没有下定决心辞职，只是想了解一下市场机会？"

这个问题可以理解为，如果高管愿意接触外部市场机会，该怎么和猎头顾问沟通。我的看法是要尽量坦诚。候选人如果尚未决定离职，全力寻求市场机会，那么请坦率地跟猎头顾问沟通，告诉猎头顾问你现在并不需要迫切离开，但因为某种原因，你愿意考虑合适的机会，然后清楚地告知对方你所感兴趣的职位。

很多人不知道，其实高管猎头最常打交道的正是那种不常跳槽的高管。高管招聘领域有句行话："最好的候选人是那些从来没打算离职的人。"没打算离职的意思是，这类候选人通常在企业里如日中天，是企业的核心成员，不仅待遇不错，岗位也有影响力，而且自己也有成就感。他们完全没考虑过跳槽，这也证明了这些高管都是优秀的候选人。就像体育行业里的明星球员，大家梦寐以求的球员往往是俱乐部里表现最优秀的球星，那些退居二线或接近退役的球员，其市场价值普遍不高。

回到刚才的话题，猎头顾问听到高管愿意考虑市场机会时并不会感到意外，坦率沟通就好。听取猎头顾问对外部机会的介绍时要认真倾听，保持冷静。猎头顾问对外部机会的描述可能有倾向性，要记住猎头顾问并非雇主企业的雇员，即便他对该企业十分了解，仍然是局外人。同时，猎头顾问的工作是为了最终完成招聘项目，他推销的岗位机会往往带有主观意愿，他们倾向于从积极的一面去描述正面信息。

其实，这种情况在猎头顾问和雇主企业最初沟通时便已存在。猎头顾问会有选择地听取客户对职位的介绍，因为他们的工作是为了完成招聘，所以当他们听到正面信息时，可能会有意放大这类信息。

举例来说，当一位猎头顾问和一个他从未接触过的新兴行业企业负责人讨论招聘时，他需要在短时间内掌握该行业和企业的核心要点，领会所需要招聘的目标职位的特质和需求，快速提取这些内容的核心要素，并将其转化为能够影响候选人的信息。这意味着猎头顾问提供给候选人的信息必然是经过筛选的内容。

所以，候选人要保持冷静，详细了解猎头顾问所提供的信息里可能存在哪些夸大的信息，这并不一定是出于恶意，而是带有推销性质的推荐。当你听到猎头顾问在介绍某个岗位机会时，如果你听到了很多感兴趣的信息，你就要深挖这些信息了。猎头顾问在和那些没有强烈离职意愿的候选人进行沟通时，可能会主动缩减甚至忽略那些负面信息，做有选择的沟通。世界上没有任何人能够做到完全客观，何况一位正在努力推荐客户招聘职位的猎头顾问。

即便当你参加雇主方安排的面试时，如果招聘方认为你是合适的人选，他们也会尽量从推销的角度去描述职位机会，所以作为候选人，你应该时时刻刻不保持平和的心态，知道任何一份工作都不可能是完美的，它一定有让你心动的部分，也有你不了解以及将会带来挑战的部分。

我经常看到候选人加入企业一段时间后，告诉猎头公司的招聘团队，雇主企业和岗位有很多情况是他不了解的，当前的工作和他入职前的预期不符，导致现状很不理想。

很多时候，是候选人在做决定时选择性地忽视了这些风险。因为即便有些信息你没有从猎头顾问那里了解清楚，你也应该在与雇主企业的数轮面试沟通中、在正式签约之前，努力挖掘并核实这些信息。如果猎头顾问没有提供某些信息，客户方是否有可能提供？你是否和雇主的人力资源部门讨论过？目标职位的同级人员在面试时是否提供了侧面信息？当你在市场上做雇主方的背景调查时，有没有刻意去了解这类信息？其实你有很多机会和渠道去帮助自己更全面地了解雇主所提供的工作机会。

但遗憾的是，很多时候候选人在做出最终决定前，没有主动抓住机会充分了解目标职位；他们有时会从主观角度看待外部机会，被猎头顾问和雇主方提供的信息影响最终决定，以至于入职后才发现工作和自己的理解存在偏差。这很令人遗憾，本来可以避免。

我必须再次强调，我绝不会说猎头顾问和雇主方总是有意误导候选人。我见到的大多数情况是，雇主机构的面试者和猎头顾问都愿意回答候选人的问题，但提问的能力和角度因人而异，这是由候选人自己掌握的。

从另一个角度来说，候选人如果认为有一份所谓完美的工作，未免过于浪漫——世上根本没有完美的工作。所以，作为候选人，千万不要被自己的幻想所误导，要保持平和的心态。当你看到一些警示信号时，不要忽略，要学会深挖，提出问题。

切记，即便你自以为已经问了所有值得讨论的问题，就算你已经了解了所有该了解的信息，你自信已经知道了所有的优势和劣势，并在此基础上做出了决定，选择接受工作机会加入雇主企业，也请记住，仍然会有令你意外的情况发生。

在我加入猎头行业之前，我曾经参加了公司十多轮面试，自认为是个喜欢发问的人，以为已经询问了所有该问的问题。但加入企业后，我仍然发现了没有事先了解的关键信息。这很正常，任何工作机会一定会有让你意想不到的方面，所以你如何以一种成熟的心态去接触新工作非常重要。当我们开始寻找工作机会时，一定要有这样的心理准备。

猎头说

- 职业规划要保持开放心态，寻求突破，保持好奇心，寻找个人

第 5 章 和猎头打交道时要注意的风险

职场定位时要尽量避免过度窄化。
- 别忘了,雇主企业才是猎头的客户。
- 候选人需要保持平衡,学会和猎头共舞。
- 和猎头顾问沟通时,候选人需要有明确的目标,知道自己想要达成什么结果,积极与猎头沟通。
- 如果你从名单中落选,请不要情绪化地评价这次招聘经历。等项目结束后要和猎头顾问保持沟通,收集对此次招聘的反馈,了解可以改进的方面,保持联系并为未来合作做准备。
- 记住,无论简历多么完美,专业的猎头顾问都不会把你提供的简历直接交给雇主方。猎头顾问要基于他们的视角判断并单独撰写简历,其内容未必和候选人自己的判断完全相符。因此,候选人在与雇主面试时,请主动沟通你认为有价值的信息,即使猎头顾问持不同观点。
- 如果尚未决定离职并打算全力寻求市场机会,那么请坦率地跟猎头顾问说明。
- 猎头顾问对外部机会的描述可能有主观倾向性,有些情况下可能会刻意夸大雇主方的某些信息。
- 大多数情况下,雇主方和猎头顾问都愿意回答问题,但是候选人提问的能力却因人而异。
- 即便你自认为了解了所有信息,请记住仍然会有你意料之外的情况发生。

第 6 章
猎头能给你带来哪些价值

吃完午饭,我们从斯夸密什镇回到了隐修林。时间尚早,老韦带托妮和我清理了营区的残枝落叶。老韦分配给我的工作很简单——把散落在营区建筑物和道路附近的树枝杂木集中起来。这是为了保证隐修林的安全,杜绝火灾隐患。

营地清理的工作一直持续到黄昏,看着堆积如山的枝叶,我很有成就感。但是因为缺乏野外工作经验和体力不足,收工后我的双臂和后背感到酸痛。虽然我没开口抱怨,老韦却心知肚明。晚饭后他建议我去泡泡热水澡。

回到我住宿的小木屋,我忽然想起要联系一位客户,那是一家美国的卫浴行业企业,有个高管职位打算招聘。我开始迅速在心里检索着可能的候选人。刚才整理营地的工作耗费了我不少体力,现在泡了热水浴,又胡思乱想了一会儿,我便睡着了。那天晚上我睡得很安稳,彻夜无梦。

第二天早上我到清水剧场取咖啡,刚进门便听到老韦正和托妮热烈地讨论着什么,听起来好像是有客人即将造访隐修林。他们结束了谈话,老韦准备出门,开始一天的工作。我跟他打了个招呼。老韦像突

第 6 章 猎头能给你带来哪些价值

然想起了什么,他走回剧场对托妮说:"你该带他去水晶岩看看。"老韦告诉我,那是一处位于隐修林营地北部的天然岩洞,洞中有些保存完好的原住民的岩画。我马上表示很有兴趣去看看。我并不介意继续在岭当帮手,但昨天的工作让我肩酸背痛,如果能休息一下到附近逛逛当然更好。托妮答应了,她说等她写完几封邮件就带我出发。吃完早饭,我和托妮带着宫本,踏上了前往岩洞的路。

我们一口气走了五六公里的山路,我有点走不动了,便提议休息一下。我们在一处有阳光的山坡坐下。

看时间接近中午,托妮如同变戏法般从背包里取出一个旅行餐盒,餐盒里有用油纸包裹的三明治。托妮说,那是老韦特意为我们准备的午餐。

吃过午饭后,托妮从背包里拿出笔记本电脑,开始催促我讲述关于猎头的话题。我完全没料到她居然带了电脑出门,看来托妮果然不会轻易放过我。我咽下最后一口美味的午餐,理了理思路,开始了今天的讲述。以下是托妮整理的记录。

***

我们今天谈谈猎头的价值。

在之前的讨论中,我们曾经说过如何判断好猎头与坏猎头;还谈到了找到合适的猎头顾问后,如何跟他们有效地保持合作;也讨论了当候选人接到猎头的电话时,如何进行有效的电话沟通。今天我们聊聊猎头能为候选人创造的哪些价值。很多人可能会认为答案很简单:猎头的价值无非是帮忙找工作。这是很狭隘的理解。从高管的长期职业生涯来说，猎头能创造的价值远不止找工作。

首先，优秀的猎头顾问能帮助候选人打开职业盲点。跟候选人接触时，我经常发现他们对自己的职业生涯存在某种惯性思维。当一个人长期浸淫在某个行业里，比如说一位在汽车领域或食品行业工作多年的高管，他会习惯和熟悉自己的领域，每天在工作中打交道的都是同行，甚至非工作时间接触的朋友也大多来自相关行业，因此他所能接触的信息和参照基本都来自相关领域。在行业内待久了，很多高管候选人都不愿主动走出舒适区，寻找行业外的机会，这可能是出于担心，但更多的是出于惯性。当猎头向他们推荐外部机会时，有可能是候选人走出舒适区、打破职场惯性思维的好时机。

对猎头顾问来说，他们会因为雇主企业的要求，尝试从不同人才库中寻找候选人。优秀的猎头公司往往都精于此道。CEO招聘里的一些经典案例就是猎头顾问从客户行业的跨界领域找到了成功人选。例如路易斯·郭士纳（Louis Gerstner）就是当年从美国最大的食品烟草公司总裁岗位加入IBM，并拯救了这家跨国巨头的人。

猎头顾问能帮助候选人接触到一些全新领域，这对高管们来说是很好的潜在机会。企业高管就像职业球员，只有少数成功球员自始至终效力于同一家俱乐部，即便如梅西或乔丹这样的顶尖球员，也曾在职业生涯的不同阶段为不同的俱乐部效力。大多数职业球员都经历了从小俱乐部到更大或顶级俱乐部的转变。如果从这个角度来看，高管应该像职业球员，根据职业发展阶段保持主动意愿，接触不同等级的俱乐部，因为转会可能帮助球员的职业生涯晋升到不同高度。除了猎头顾问，还有谁更适合帮助高管达成这样的转变呢？

第 6 章　猎头能给你带来哪些价值

猎头顾问可以帮候选人打开不同的视野，包括候选人可能从来没预想过的新领域。当他们带着开放的心态去了解猎头顾问介绍的机会时，这很可能成为他们职业发展的转机。所以，猎头顾问的价值之一，就是帮助高管排除职业盲点，拓宽自己的职业发展边界。

其次，候选人进入面试阶段时，猎头顾问可以帮助候选人有效准备与雇主企业的面试。对处于职场早期的候选人来说，找工作很多时候是通过在网上投递简历。当候选人被邀请参加面试时，除了一份职位介绍资料，候选人对该职位的其他信息知之甚少。但是在高管招聘中，当候选人进入面试阶段，意味着他们已经进入关键期，因为雇主通常只面试短名单上的候选人，这些人选是猎头顾问从长名单中精心筛选出来的。所以，当候选人接到邀请，与雇主企业的部门高管或 CEO 面试时，代表他们离目标职位已经很接近了。

对于这种面试，候选人不可能仅凭一份职位介绍资料就准备好与雇主方的会谈。他们需要了解职位背后的诸多相关信息，包括岗位职责、主要成功要素、组织架构、职位是否新设立还是填补空缺等。如果是填补性的，那职位为何出现空缺、每位客户方面试者的职务和背景、在机构中的位置、和目标职位的招聘主管之间的业务关系、目标职位招聘主管的管理风格和特征、在机构内外的口碑、在雇主企业的供职经历、其下一步的个人职业发展前景、面试者们对目标职位的期待等，候选人需要了解这些相关背景信息。

如果与缺少对目标职位和企业的深入理解的猎头顾问一起合作，候选人完全无法充分准备面试，谈话的效果自然会大打折扣。

高管招聘进入面试阶段后，候选人会与客户方多位高管在一天或数

095

周内进行面试。根据岗位的重要性和企业文化的差异，候选人与十多位客户方的面试者见面的情况并不少见。客户方参与面试的人可能包括企业全球总部人员、目标职位主管、同僚，甚至其他职位相关人员。如此的面试强度和安排，如果没有猎头顾问的积极参与和协助，其最终效果可想而知。

每次和客户方的面谈，从一小时到更长时间不等。高管候选人如何把自己多年的职业经历有效浓缩提炼，通过有限的会谈时间充分沟通；候选人应该准备哪些要点、侧重哪些经历和成就，都需要在面试前精心准备。这需要候选人和猎头顾问密切配合才能完成，而这些都能体现猎头顾问的价值。

对客户来说，他们期待面试前猎头顾问与候选人能够进行充分沟通，以确保会谈效率；对候选人来说，猎头顾问和他们同样希望面试顺利。因此，专业的猎头顾问有意愿帮候选人做好面试准备。

谈到面试，根据双方需求，猎头顾问能帮助候选人模拟面试。他们可以在正式面试前，帮助候选人进行模拟演练。如果招聘岗位比较重要，这种模拟练习尤为必要。很多时候，猎头顾问比客户方的面试官更有面试经验，所以这种练习是很有价值的。

此外，对高管来说，猎头顾问可以扮演长期职业规划顾问的角色。如果你有一位可信且专业的猎头顾问作朋友，他会在招聘流程中对你各环节的表现提供及时反馈。不管最终结果如何，对候选人来说，如果能得到客观反馈，那么招聘经历本身便是一个有价值的学习机会——它能帮助候选人发现自己需要改进的地方，提高未来职业发展的胜算。

猎头顾问还能在高管遇到职场发展瓶颈时，帮助他们理清思路，以反思自己在企业中遭遇的挑战,并与之分享市场观察。比如,同类案例中,其他成功转型候选人的对策是什么。猎头顾问可以用真实案例帮助高管分析所面临的挑战。

以上这些都是猎头顾问能够带来的价值。从某种程度上说,猎头顾问的角色不仅是招聘顾问,也担任了类似高管教练的角色。很多时候,猎头顾问做的不仅是陪伴,还能提供反馈,帮助候选人进行自我分析、思考并拓展职业空间。

对那些初级职业经理人来说,猎头顾问还可以成为其职场导师,因为他们初入职场,还没有完整经历职场发展的全过程。比如,当获得晋升,担任更高级别岗位时,他们或许没有具体管理经验,而猎头顾问可能在以往的招聘工作中,对该级别工作所需的领导力、管理和成功要素有着充分的理解。此时,他可以与年轻的管理者分享这些经验,提醒他们哪些工作需要具备何种管理技能。从这个角度看,猎头顾问是名副其实的职场导师。

总而言之,根据候选人职业生涯的不同阶段,猎头顾问可以胜任不同的角色。不管高管处在职场发展的哪个阶段,猎头顾问都能提供有效参照,让他们更全面地了解自己所面临的情景和挑战,从而适时做出调整。

候选人往往不了解,对他们来说,专业的猎头顾问类似总统选举时的竞选经理,是一个很关键的角色。以我个人的经历为例,我曾多次在招聘中为候选人努力寻找机会,甚至竭力争取。有时候,客户企业可能一直坚持自己的招聘思路,不愿意考虑某类候选人,或者当收到候选人简历时轻易认定候选人不合适,这可能仅是出于候选人的职业经历、现工作地或缺乏某领域的经验而得出的简单结论。当然，客户得出该结论总有其原因和逻辑，但猎头顾问如果了解候选人的情况，认为候选人属于合适的潜在人选，那他们一定会努力把一些被客户排除在外的候选人保留下来。他们会努力帮助客户方扫除招聘盲点，打开思路，这对客户和候选人来说都是双赢的。

当猎头顾问遇到优秀的候选人时，他们可能会在跟客户沟通时努力为候选人争取机会。对于这些沟通和推荐的努力，候选人通常并不知情。猎头顾问会详细准备候选人的相关职业信息资料，提炼他们的职业生涯经历和成就要点。如果由候选人自己准备这些材料，他们可能并不知道哪些是最具相关性和关键性的要素。用竞选中的竞选经理作比喻，猎头顾问能帮助候选人准备有力和准确的个人定位与竞选口号，确保他们的竞选材料准确有效。猎头顾问的助力极有可能帮高管们赢得一个难度极大的职位。

***

托妮插话道："你说的这些让我想到了演员的经纪人。"

我回答说："我不太了解经纪人的工作，我猜演员需要依靠经纪人寻找演出机会，对吧？从这个层面上讲，猎头顾问的角色的确和经纪人类似，他们能帮高管接触和争取更好的机会。"

***

关于猎头的价值，还有一点值得注意：猎头顾问可以成为高管的离职顾问，帮助高管们妥善处理离职事务。对高管来说，离职可能比入职更为棘手和敏感。

第 6 章 猎头能给你带来哪些价值

当一位担任要职的高管提出离职时，可能会遇到很多情况，雇主企业可能会提出还盘，试图用各种办法加以挽留；他们可能为提出离职者许诺新的工作岗位、主动安排人事调动、调整增加薪资待遇，甚至增加资源和调整团队等。总之，现雇主可能会用多种方法来挽留人才。

在这种情况下，很多候选人可能会心生犹豫，对自己的离职决定产生质疑。此时是一个关键时刻：现雇主想尽办法竭力挽留；未来雇主则不断施压，催促候选人尽早入职。候选人此刻往往会感受到极大压力。很不幸，这种情况即使家人亲友也无法帮忙，因为别人很难对此时的候选人感同身受。这时只有猎头顾问才能帮到他们，他们扮演着关键角色：他们能帮候选人以妥善的方式顺利完成离职，要知道这绝非易事。

职业早期，担任初级管理职务的管理者通常不会有这种遭遇。对他们来说，提交一份辞职信，和雇主谈妥了离职日期即可顺利离职。对高管来说，离职可没那么简单：除了刚才谈到的原因，还有其他方面的因素，比如候选人离职后如何与原有雇主维持关系。猎头顾问通常建议候选人和前任雇主保持良好联系，毕竟未来双方仍可能有接触的机会，包括候选人未来可能仍需要前雇主提供雇主方的背景调查，可能未来与前同事在其他机构共事。

***

托妮说："听起来猎头顾问要身兼多职。"

我回答道："对，专业的猎头顾问能把候选人和市场机会联结起来。他也是个引路者，或是信息提供者。"

***

从高管招聘角度来说，猎头这个称呼，绝对是对行业中那些专业从业者的窄化定义。因为猎头顾问能做的，远远不止帮高管找工作。在候选人不同的职业阶段，当他们面临不同的职业需求时，当他们作为管理者不断成熟、面对企业和行业挑战的时候，猎头顾问都能从不同层面、不同维度为候选人提供价值。

除了这些方面，猎头顾问还有一个能帮上忙的地方，那就是筛选职业机会。如果候选人在找工作时，仅凭一己之力在网上搜索，效果如同大海捞针。就算他们看到一个貌似与自己专业领域和行业范畴匹配的机会，多半也是他们的主观判断。比如，候选人可能并不知道该职位的薪资待遇和自己目前的待遇是否匹配。即便从职称看，该职位跟候选人的预期吻合，但有可能和候选人目前的收入水平存在较大差距。候选人并不了解这些信息，但猎头顾问则可以有效筛选市场机会的背景信息。当猎头顾问把机会推荐给候选人的时候，那些机会和候选人的匹配度已经评估过了。

另外，如果候选人正在考察一个非自身行业的机会，往往不易做出判断，所谓隔行如隔山。候选人需要研判目标机会是否合适，了解雇主企业发展方向，公司发展空间很大还是临近饱和，甚至是否准备退出中国市场，等等。专业的猎头顾问可以看到整片森林，而不会一叶障目，他们可以提供有效的观察和洞见。相比之下，候选人自己盲选的难度可想而知。

找工作，尤其是高管招聘，越是重要职位，越需要慎重。其中有很多细节，这些微妙之处体现在招聘的方方面面。比如，关键职位招聘时雇主通常不会把招聘信息放在网站上，面向社会公开招聘。很多时候，高管招聘甚至是在保密情况下进行的。因为存在这种敏感性和微妙性，如果没有猎头公司作为第三方操作、斡旋和沟通，雇主企业和候选人双方根本无法接触。

有些情况下，雇主企业打算对内部某岗位进行人员调整，也会与猎头顾问进行沟通。这种计划调整通常只有雇主方的少数关键人物知情，比如CEO、人力资源副总裁等。有时候，雇主对企业内某职位是否需要招聘还没有结论，对招聘与否举棋不定。比如，该职位并非出现空缺，而是企业对当前人选的表现不满意，且内部并无合适人选，也无法从总部或其他分部进行调动，这时雇主可能会犹豫不决。现有职位的负责人是老员工，不宜随意解雇，但企业却对该职位的表现有更高的期待，此时如何是好呢？

在这种情况下，猎头顾问有可能安排雇主方与少数潜在合适的外部人选接触。这种接触形式未必是面试，可能仅是社交性质的见面。通过这种接触，雇主对外部人才储备情况的一手信息便能有所了解，并与现有内部人选作对比，之后再决定是否展开招聘，抑或将现有岗位进行调整，比如拆分职责等。

所以，猎头顾问的工作还可以触发潜在需求。很多时候，他们不一定是在招聘项目已经立项的情况下才入场，而是积极促成雇主和外部人才的双向沟通。当然，这种接触大多需要在保密前提下进行。如果这种沟通能顺利实现，会促使企业决定对部分高端岗位进行招聘。

> **猎头说**

- 优秀的猎头顾问能帮助候选人消除职业盲点（即职业生涯的惯性思维）。
- 当猎头顾问推荐另类行业机会时，可能是候选人走出舒适区的好时机。
- 高管就像职业运动员，转会可能帮助他们攀至职业生涯的更高峰。
- 高管在职场发展遭遇瓶颈时，猎头顾问能帮助他们厘清思路，分享市场观察。
- 猎头顾问不仅是招聘顾问，也担任了类似高管教练的角色。
- 对初级职业经理人来说，猎头顾问还可以成为职场导师。
- 专业的猎头顾问能扮演高管的竞选经理角色，为候选人争取机会。
- "猎头"这个称呼是对高管招聘行业从业者的窄化定义，他们能做的远不止帮高管找工作那么简单。
- 关键职位招聘中，雇主通常不会把招聘信息放在网上，有些招聘甚至是在保密情况下进行的。如果没有高管招聘顾问的运作，招聘的完成难度很大。
- 高管招聘顾问未必会在招聘立项时才入场，有些人才和雇主的接触是猎头顾问主动促成的。

第 7 章

跳槽与否,听听猎头怎么说

远足回来那天晚上，山上迎来了冬天的初雪。

水晶岩往返隐修林的山路接近 20 千米，回到隐修林后我感到脚跟酸痛难忍，我怀疑拉伤了小腿肌肉，晚饭也没吃便回到木屋休息。这座森林小屋俨然成了我的新家。

早上起床后，我发现木屋被白雪包围，露台上落满了粉状新雪，露台木栏杆上还有几只鸟爪印。我打开房门，门前厚实的积雪几乎没膝。我来隐修林纯粹是临时起意，出门时我根本就没有带足够的冬装，更不用说雪地靴了。我看着厚厚的积雪，正发愁该如何是好。

此时，远处传来了低沉的引擎声，一辆橘色的小型铲雪车正慢悠悠地朝木屋驶来。是老韦，他把车停在木屋门前，我便搭乘铲雪车到了清水剧场。在车上老韦告诉我，今天他的儿子丹来山上帮忙清理积雪了。

我刚走进清水剧场，便看到托妮正和一位十六七岁的男孩趴在电脑前饶有兴致地打游戏，不用说男孩一定是老韦的儿子丹。丹和我简单打了招呼，继续和托妮打游戏，两个人不时大呼小叫，看起来开心极了。这时我才意识到托妮和我的年龄差距。这两天她采访我关于猎头的经历，做起事情来专注又耐心，让我几乎忘了她是一个朝气蓬勃的年轻人。二人打完了游戏，丹收拾好工具准备跟父亲外出工作。

我没吃早饭，只喝了咖啡，然后穿好隐修林给访客准备的雪地靴，打算前往白鸟湖散步。我刚出门走了几十米，便打消了这个念头，想到老韦的那台小型铲雪车仅能清扫隐修林附近的主路，无法清除森林里的积雪，小径已经被厚厚的积雪完全覆盖，要想沿着曲折的山坡下山走到湖边实非易事。这种天气，我还是留在营地喝茶赏雪吧。于是我转身回了主楼。

剧场里空无一人。我悠然地坐在客厅，欣赏着落地窗外难得一见的林海雪原。高大的雪松枝被厚厚的白雪压得低垂，窗外雪花无声飘落，林间偶尔传来树枝折断的脆响。远处一架喷气式客机悄然无声地划过连绵的雪峰。

剧场里有手机信号，也有无线网络，其实我还有不少尚未回复的邮件等待处理，但是面对眼前宛如仙境的美景，我根本无心工作。茶还没喝完，我就靠在沙发上睡着了。我本以为自己终于调好了时差，没想到生物钟仍然处于颠倒状态。

我已很久没有在如此寂静的地方驻留，似乎整个世界已经离我远去。

一阵香味飘过，让我从梦中醒来。我缓缓睁开眼，听到厨房里有人在忙碌——原来是托妮在准备午餐。

一阵忙碌后，托妮走到长长的餐桌边坐下，打开笔记本电脑对我说："咱们继续之前的讨论吧，趁今天还有点时间，接着昨天的话题，聊聊猎头的事。"于是我倒掉残茶,换了杯新茶后便开始讲述。

以下是托妮整理的我所讲述的内容。我们今天讨论的话题叫作"跳还是不跳",是关于跳槽的。

***

其实,我想说的是关于跳槽的风险,以及跳槽过程中候选人可能会犯的一些错误。这个话题所涉及的内容很多,完全足够单独写一本书了。

对大多数企业管理者来说,在其职场生涯中,基本上都曾经历过跳槽。有人可能经历过几次类似的职业变动。有些情况属于高管已经决定换工作了,在发现外部机会后,他会考虑是否跳槽;另一些情况下,高管们可能在任职的企业里正处于瓶颈期,犹豫是否选择离开;还有一种情况是高管了解到公司准备变革,看到周围有人事调整,或者和自己关系良好的主管被企业辞退,因而萌生去意。

关于跳槽与否的话题,在先前谈到评判外部机会的讨论中已经有所涉及。这里侧重讨论的是候选人在做决定时会遇到的一些常见错误和相关风险。

换工作有一些显而易见的风险。当选择离开现有企业效力于新雇主时,候选人需要做出一些取舍,比如说现有企业的经历,候选人在现有雇主企业已经建立的人际关系,在现有岗位所积累的某些内外部人脉关系,等等。

举例来说,一位在零售企业供职的候选人,可能在过去数年里搭建了很多关系,不仅是上下级关系,雇主企业对其工作表现的认知,在企业内部的口碑，还有其在企业外部建立的一些重要资源和人脉关系，比如与经销商、行业监管机构等的关系。当候选人决定离开企业时，尤其是当他选择了另一条赛道，进入完全不同的行业领域时，这些都可能是候选人需要审慎考虑的。

因此，候选人应该在做出决定前认真评估内外部机会，并考虑现有雇主企业内部的潜在机会。他们需要了解，在未来一段时间里，现有雇主企业和工作岗位是否存在发生变化的可能性。候选人需要认真观察，现有雇主企业是否存在被自己忽视的信号，或者企业可能会发生怎样的变化，等等。

如果有这种变化的可能性，是否留在现有雇主企业等待这些变化就成了高管必须做的选择。我并不是说如果有这种可能性，高管们就该选择不跳槽，而是应充分检视现有雇主的岗位发展和内部情况，包括潜在机会，彻底了解清楚后再做决定。

如果高管下定决心离开现有雇主企业，就必须学会放弃，包括刚才说到的一些公司内部的人际关系，还有一些可能发生的财务损失，包括因为离职而导致无法领到年终奖等，高管需要接受因离职导致的某些收入损失。虽然在加入新雇主企业时可能会实现薪资上涨，但仍要面对由于离职而造成的种种损失。

关于这个话题，我们接下来讲到候选人和新雇主进行薪酬谈判的时候会详细讨论，包括如何弥补或降低这些损失等方法。在很多情况下，候选人必须有所取舍，这需要他们在决定跳槽前就做好准备。这些都是跳槽的成本，有时是财务成本，有时是机会成本。

关于跳槽，还有一个经常谈论的话题，那就是高管们应该在离开现雇主后再找工作,还是在现雇主企业任职期间"骑驴找马"。

对此很难一概而论,要看具体情况,因为这涉及许多因素,不仅是工作本身,还涉及很多与个体精神和健康情况相关的因素。如果目前的工作确实令你难以应对,比方说它让你很难兼顾家庭需求,而你的家庭状况会因此受到影响,或者工作对你的健康造成了影响,等等。在这些情况下,你当然应该考虑适时离开,不必等到下一个理想工作出现再离职,否则理想工作还没出现,你已经为此付出了太多代价。通常来说,我会建议尽量避免裸辞,选择好下一个工作机会再离职。

原因很简单:首先,从未来雇主的视角来看,他们对那些企业的明星高管,以及领导团队的核心人物,通常会有一种渴求心理,愿意付出更高的代价,包括更高的薪资待遇或职位去吸引人才,会通过各种手段去争取候选人。但如果候选人目前处于无业状态,那么其市场价值可能会受到影响。这种影响虽然未必公平,但时有发生。

其次,这种情况对个人的影响因人而异,有人能安然处之,耐心地等候机会,但这样的人比较少,毕竟能安住草堂的卧龙先生并不多见。现实情况下,很多高管一旦离开企业岗位后,在无业状态下再找工作时,心态和自信经常出现微妙变化,往往在 6~8 个月后,这些候选人的心态就会出现明显变化。如果他们一年后仍没有找到新工作,很多人会出现焦虑,甚至因此匆忙做出不合理的决定。出于焦虑,他们会逐渐失去自信,可能会贸然选择加入下一家雇主企业,明显忽视其中的风险。他们"溺水"太久了,急于爬上一条船。

说到跳槽,据我的观察,不少事业有成的企业高管对职场的理解存在偏差,对找工作有种天真的误解。尤其那些在一家企业里工作很长时间且事业相对顺利的高管,更容易发生这种认知偏差。

第一,他们已经很久没有找工作了,这些候选人缺乏寻找机会的敏锐度和学习能力;第二,因为他们很少与猎头顾问和潜在雇主接触或面试,这些候选人普遍缺乏面试技巧和技能,导致他们在招聘过程中无法有效地沟通和展示自己的经验和专业能力,通俗地说,就是"茶壶里煮饺子,有货倒不出";第三,因为他们缺乏对外部市场的接触和敏感性,致使其职业技能未能及时更新,很多时候他们仅仅依赖对雇主的了解才得以继续在现有岗位上生存,未必能够直接匹配外部机会,而且他们对外部机会的判断和把握有着明显的缺失。

那些职场经历较为稳定的企业高管,在试图跳槽时常犯的一个错误是缺乏充分准备。比如,候选人是企业管理者,当他进行企业收购时,必然会仔细审查标的公司的财务状况,了解其过去几年的财务报表,详尽分析其经营状况。而当这位高管被招聘方的企业接触时,我却发现他们对招聘方企业通常准备不足。这是一种难以理解且风险极高的情况。我不止一次发现,当高管候选人接触一家知名企业的时候,他们常常预设这家企业的运营状态良好,但显然这是一种风险较大的假设。

伟大的品牌或知名企业,未必意味着当前经营状态良好;一家优秀的国际化公司,未必意味着其中国分部在中国市场的表现优异,或者其亚太区战略精准。高管在选择职业机会时,应该尽可能详尽地了解目标企业现在的情况,包括财务状况。不过可惜的是,这些功课往往没有得到候选人的足够重视。

企业的文化匹配度也是经常被候选人忽视的重要因素。很多高管在选择工作机会时看重的往往是雇主企业提供的职务、目标职位的上下级层面、在企业架构里的角色等因素,但他们普遍缺乏对企业文化的关注。

然而对于一名想要在新雇主企业取得成功的候选人来说,这通常是核心因素。举例来说,著名运动品牌耐克曾聘请了一位快消品企业的总裁来担任其全球总裁,候选人在原企业很成功,然而加入耐克不久后便离开了,耐克创始人奈特对此的解释是双方文化磨合不畅,耐克独特的企业文化并非每个人都能适应。

这些高管没有在新的雇主企业获得更高的成就,很多时候并非他们的能力有问题。这些人往往在原企业表现优异;同样地,这种合作失败也并非雇主的问题,因为雇主企业本身可能就是一家优秀企业。原因往往在于双方缺乏匹配度,在文化上无法兼容。对高层领导来说,这是很关键的问题。

***

托妮问:"既然这么重要,候选人应该怎样了解企业文化呢?"

我回答说:"其实并不难。"

***

首先,候选人应该抱有客观的心态。很多时候,他们往往有种成功者心态,认为自己在任何环境下都能获得成功,因为他们曾经历过不同岗位,也尝试过不同工作和挑战,所以他们可能有一种错觉,认为自己无往不胜。

其次,候选人可以通过多种渠道了解企业的文化特征,比如候选人与雇主企业面试时就是个很好的机会,也可以对企业多多关注,主动向雇主企业前任员工了解企业内部的状况，对企业多做些功课等，这些都可以帮助候选人获取信息。其实，很多企业和行业都有鲜明的特征，俗话说隔行如隔山，不同行业都有自己的属性特征。

比如，当我们为酒店行业进行招聘时，你会发现该行业从业者经常具备某些行业特质。作为不属于该领域的外行，我们不了解那些从业者为何会具备这些特质，以及这些特质对他们在该领域里获得成功的重要性。

同样，对于一位来自麦肯锡或波士顿咨询公司的候选人来说，进入生产型企业后，可能需要学习适应新的领域，而咨询顾问常用的项目管理做事方式未必能直接融入雇主企业。

还有一种风险，高管在更换工作时，可能对职位缺乏完整的了解。这说起来似乎有点令人惊讶：通常我们会以为高管在接受机会前经历了多轮面试，已经跟雇主方多次接触，对目标职位应当很清晰了，但在实际情况中却并非如此。这里有几种原因，包括招聘方在吸引候选人时可能存在过度美化机会的情况，毕竟雇主方都希望候选人能加入企业；或者职位本身存在变数，候选人没有充分了解职位背后的各层面的关系。

我认识一位候选人，他一直渴望获得 CEO 的职位。某次招聘机会让他终于得偿所愿，这位高管接受了一家美国企业的中国区 CEO 职务，然而上岗后他才发现这个所谓的 CEO 并不能履行真正的首席执行官职能，在公司架构里还有一层汇报体系，他的工作其实相当于一名运营官。他可能误判了职位的实际工作职责。这种情况在高管中，尤其是核心高管层中并不少见。

候选人在做出决定前，必须了解雇主方为什么要聘请你加入，这家公司面临的情况是什么，以及这个岗位设置的原因是什么。如果候选人能够充分了解目标岗位的背景信息，即便无法完全杜绝上述情况，但至少能在很大程度上降低此类风险。

除了这些，还有另一种风险：有些候选人会因为某种不切实际的原因而选择离职，较为常见的例子是因为上级主管离职而随之离职。

主管离职有各种具体原因，但是不应该因为上级离任，或者对方劝说便决定离职，其中隐藏着极大的风险。通常情况下，企业高管离职加入一家新企业，为了在新雇主企业快速组建新团队，便招募原雇主企业的下属员工。首先我要表明这是一种不专业的做法，但确实是经常发生的情况。

作为候选人，需要慎重考虑是否接受这个机会。首先要明白上级主管离职的原因，不应该仅仅出于忠诚，或者因为某种情绪而草率地做出决断。每个人都应该从自身的职业发展角度考虑，审视长期职业规划，客观地判断这种外部机会是否符合自身职业规划，切勿因一时冲动就贸然决策。我看到过很多此类情况：企业高管离职后把核心团队成员带到了新企业，但很不幸，加入新公司不久后高管却因某种原因再次离职，而那些当初跟随其加入这家企业的人员进退两难。

另一个常见的错误是因收入原因选择离职。很多时候，我们会认为初入职场的员工容易因为收入原因而离开企业，这是他们身上容易出现的情况。其实在高管招聘中，这种情况也经常发生。高管级别的收入调整，通常幅度会比较大，的确有人从百万年薪迈上千万年薪。这极具诱惑力，但实际上，因这种原因离职的高管往往结局并不美好。站在雇主的视角，任何需要多付出的代价都有其必然原因。天上不会掉馅饼，永远不要单纯因为收入原因而接受工作。

人云亦云也是一种需要避免的跳槽心态。曾经有段时间，企业频频在海外上市，私募投资的标的企业有些专门瞄准未来能上市的企业。于是，加入即将上市（Pre-IPO）的企业便成了很多高管竞相追逐的跳槽热门选择。

我曾经碰到一些候选人告诉我，他们跳槽的唯一要求便是雇主方必须是家即将上市的企业。他们希望能加入这样的企业，期待因为企业上市而一举实现财务自由。但作为候选人，也应该考虑一下，为什么这样的企业需要你。坦白地说，我接触过的候选人中，因为追求企业上市而跳槽的，几乎没有一个从上市公司里成功拿到额外收入，他们中大多数加入的企业甚至后来根本没能实现上市。

当周围的人都热衷谈论某事的时候，当某个领域成为媒体话题的时候，这些高管们便开始朝那个风向领域努力，有时是互联网，有时是IPO，有时是私募标的。总之，还是那句话，你在做职业判断时，应该尽量完整地分析各个方面，包括从自身特质、目标行业发展空间等方面进行长期规划，切忌人云亦云，盲目追逐热点。

跳槽的另一种风险是压力之下做出决定。在高管招聘的过程中，候选人在某些阶段可能面临很大压力。举例来说，如果你是某个招聘项目的最终人选，当你面临最终决定时，你会承受很多压力。在那个时刻，猎头顾问可能会极力催促你继续前进，而雇主会给猎头顾问施加压力，甚至不停追问候选人是否签约。这些压力最终都会传导至候选人身上。

如果候选人此时尚未完全做出决定——当然这也属于正常情况，因为候选人可能还有一些尚待确定的事项，比如合同条款细节、薪酬待遇

113

未达预期，或者目标岗位职责还有细节需要核实，或者跟现雇主企业提交辞职信时，雇主为了挽留而施加的种种压力等，致使候选人在这一阶段可能面临较大压力。这些压力或持续数周，迫于压力，很多人会草率做出决定，但当他们在加入企业后，又会对自己的决定后悔不已。

还有一点我想强调，无论何时，当你做出职业改变的时候，你要知道这种改变会影响你的职业发展轨迹。从大部分雇主的角度来说，他们通常都倾向于选择职业发展轨迹相对稳定的候选人。当然这是一个悖论：一方面，雇主要从企业外部招聘，也就意味着企业的选择会改变候选人的职业发展轨迹；另一方面，企业在招聘时，却又喜欢那种职业发展轨迹相对稳定的人选。所以，你要记住，每次当你做出职业选择时，一定要做某种客观的改变，这是事实。

这里托妮提出了一个关键问题：跳槽多少次算更换工作过于频繁？

对高管来说，更换工作并不是什么大问题，但容易引起雇主顾虑的是候选人连续变动工作。试想，有位候选人跳槽后在新的岗位上做了一两年便再次离职，如果这种变动背后有客观原因，比如雇主企业撤出中国市场，或者某种不可控的原因导致离职，虽然这并不是理想状况，但是未来雇主还是会理解的。若是这种情况持续发生，那就另当别论了，至少未来雇主和猎头顾问会质疑候选人对职业选择的判断力。

坦白地说，有些时候，我们看到并非候选人的判断力存在问题，而是因为某些个人无法控制的因素，导致他连续数次在新机构里表现平平，才致使其离职。然而，这样的连续跳槽，在雇主眼中会令候选人的职业性和成熟度大打折扣。即便候选人提供充分的解释，告知对方过去数年连续更换工作的原因，而且他们可以通过背景调查去证明这些原因，但仍然无法避免雇主方对候选人产生顾虑。

关于跳槽的风险，以及高管们跳槽所犯的错误，还有很多其他原因，比如出于某种短视，或者某种不完备的考量匆匆做出决定，或者受同事离职影响，或者在尚未具备充分心理准备之前做出跳槽决定，总之各种各样的情况都有。

此时托妮又提出了一个关键问题："跳槽之前，候选人有没有应该自问的问题？"

这个问题很好。我觉得高管在做出跳槽决定前，至少应该问自己三个问题。第一个问题是，你的职业目标是什么。这有点像大海航行中水手寻找灯塔，别忘了灯塔在哪里。如果灯塔在正南方，而你面临的工作机会坐标却在西北方，那这并不是问题，你之所以向西北方前进是为了能更快地达到正南方，换句话说，别忘了最终目标。第二个问题是，你是否已经充分了解外部机会。不管是从猎头顾问、雇主方，还是从你自己的调查中，是否做了充足的准备工作。第三个问题是，你是否全盘考虑过现在雇主企业内部的发展机会和前景。不要因为一时兴起或某种情绪——不管是焦虑还是怨恨——而选择离职。这种情况比比皆是。很多时候情况看起来似乎乌云压顶，但如果从长远角度看，你会发现你的担心都是出于较为短期的判断。我发现在企业里发展不错的那些人，通常是有点钝感或更有耐心的人。熬过某个阶段，当风雨过后，机会属于这些在风雨中曾坚守的人，而那些风雨还没降临便离开的"聪明人"往往会错失良机。

其实，当高管们进入一个新的企业环境中，都是要投入时间和精力去适应的。不管对下一家雇主的企业文化多么熟悉，对概念的理解和真正身处企业文化之中并获得成功是两回事。

所以,当你进入一个新环境的时候,仍然需要耐心地投入时间。对大部分人来说,在新的企业里至少需要三五年时间才能完全适应并做出成绩,说到底都需要时间投入。

当然,谨慎不代表不能跳槽。良好的外部机会自有其价值,但有价值并不意味着没风险。当你充分了解风险并对自身处境做出充分判断后,才能利用好这样的价值。这有点像冲浪,每一个大浪都有风险,如果冲浪者没有做好准备,这个浪可能会让人受伤甚至送命;但如果准备充分,知道自己该做什么,这个浪可能会把冲浪者送到一个新的高点。

***

讲到这里,剧场的门开了,一阵寒风随之侵入。老韦和儿子气喘吁吁地走进房间,他们身上沾满了雪。丹摘下帽子,头上冒着热气。他们俩回来得正是时候,托妮让我们在餐桌边坐下,走进厨房取出午餐,大家一起享用了一顿美味。

猎头说

- 候选人需要了解现有企业是否有被自己忽视的信号,比如可能发生的结构调整等,充分检视现有雇主的岗位、内部情况和潜在机会,再做出是否更换职业的决定。
- 根据离职时间不同,有可能发生某些财务损失,比如年终奖金等,这些都是跳槽的成本。因此,选择好工作机会再沟通离职。

- 伟大的品牌或知名企业并不意味着雇主企业当前经营状态良好。选择职业机会时，应该详尽地了解雇主企业现阶段的情况，包括财务状况。
- 候选人和雇主企业文化的匹配度很重要，找工作不要只盯着职务头衔。
- 不要仅仅出于忠诚或因情绪做出离职决定，应该从自身职业发展的角度考虑，审视长期职业规划，客观判断外部机会是否符合职业规划。
- 不要单纯因为收入原因而跳槽。站在雇主的视角，任何需要多付出的代价都有其必然原因。
- 换工作不是大问题，容易引起雇主顾虑的是连续的工作变动。
- 高管跳槽前，应该先问自己三个问题：职业目标是什么？是否充分了解了外部机会？是否客观考虑过现雇主的潜在机会？

第 8 章
猎头教你如何经营个人品牌

晚餐后我正打算出门散步，老韦的儿子丹来找我，想打听关于在中国旅行的事。我便和他一起出门，边走边聊。

丹说他明天要去山上的黑齿湖野营，并热情地邀请我同去。他还特意拿出手机找了很多夏天时他在那座湖边拍摄的照片给我看。照片里澄蓝色的湖水在群山环抱下，美得令人震撼。

丹的邀请让我有点心动。不过我从未野营过，更不用说在冰天雪地里露营，不免有点犹豫。我告诉丹要考虑一下。

又是一个多梦的夜晚。第二天早上，我靠在床头感觉昏昏沉沉的，想倒下睡个回笼觉。然而，此时的我不但没睡着，反而清醒了不少，就爬起来看了会儿书。

看完书，我到剧场取咖啡，正好碰到丹。他再次问我关于野营的事，他说他下午就要出发前往黑齿湖。我想都没想，毫不犹豫地表示同意。丹很高兴，他告诉我托妮也会同去，吃过午饭就出发。

午饭后，我跟着托妮和丹离开了隐修林。丹对前往黑齿湖的路线很熟悉，他已经去过那里很多次了。他和托妮两人在前面带路，我紧随其后。丹和托妮携带了大部分装备，只分配给我一个背包和卷好的睡袋以及防潮垫。我拄着登山杖，深一脚、浅一脚地踩着雪地，紧紧跟在他们后面。一路上托妮兴致勃勃地边走边讲故事。

＊＊

托妮一口气讲完故事，驻足喝水。休息了一会儿，我们继续步行。积雪覆盖了路面，幸亏丹对路线颇为熟悉，我们才没有在白雪皑皑的林子里迷路。与两位充满活力的年轻人同行，我觉得自己的脚步也轻快了许多。虽然有积雪，但或许因为一直步行，我并不觉得寒冷，反而觉得身上出了些汗。山林里非常寂静，除了踏雪的声音，听不到其他动静。阳光透进森林，树枝上厚实的积雪偶有跌落，被压弯的松枝弹起，引发了一阵雪瀑。森林深处，不知什么地方的渡鸦，不时发出咯咯的响亮叫声。

突然，托妮话锋一转，督促我继续讲关于猎头的事，我以为出门远足她没带电脑，没想到她竟早有准备。

托妮把一个蓝牙领夹麦克风夹在我的衣领上，她又试了试手机接收信号，告诉我可以开始了。于是我拄着登山杖，一边踏雪前进，一边和她分享关于个人品牌的话题。

＊＊

今天我想说的，是在招聘和职场发展框架下，高管的个人品牌的建立和经营。这个话题较少被提及，而在猎头行业实践中却真实存在。我觉得这可能是一个被忽视或低估的话题。

据我观察，在高管招聘过程中，有清晰个人品牌的候选人更容易赢得职场机会，包括获得满意的职位和薪酬待遇。虽然并非每个企业高管都会有意识地专注个人品牌管理，但的确有些人在这方面做得相当出色。

我没有跟那些候选人逐个讨论过这个话题，我不了解他们是否有意识地在做相关的投入，抑或个人品牌是在他们下意识的持续行动中形成的，但无论如何，我发现有清晰个人品牌的高管们，从中长期职场发展而不仅是某个具体招聘过程来看，都有明显优势。即便他们始终留在同一家雇主企业，个人品牌仍然会为他们的职业发展带来助力。

个人品牌是什么？好像有人曾经这样描述过（原话我记不清了），大意是：个人品牌就是当你不在房间里时，别人是如何评价和形容你的。所谓个人品牌，其实就是别人眼中的你。

我们可能都会对自己有一个认知和某种描述，但这未必是别人对我们的描述，有时这两者之间甚至有着极大的差异。个人品牌并不限于职场高管，从教授、医生、律师到运动员甚至政客，每个人都有个人品牌。

以市场营销行业为例，企业在产品营销时特别关注的，就是让品牌获得企业希望它能被受众群体接纳的定位，以此牢牢占据目标受众的心智。对于个人品牌，这个原则同样适用：成功的个人品牌定位应该是个体预期在受众群中形成的印象。当二者中出现偏差的时候，比如你希望塑造的品牌和受众选择的标签不同或有较大差异时，品牌之间的沟通可能就会出现问题。

广义的个人品牌管理有一个重要原则：我们必须知道自己希望传播的信息，我们给自己选择的个人标签和重点受众的选择是否一致。没有这样的意识，很多企业管理者职场发展的失败并不令人意外。

托妮问："听起来建立个人品牌似乎有三个要点。第一，你希望别人眼中的你是什么样的；第二，他人的印象与职业发展直接相关；第三，可以有意识地营造和改变他人的印象。对吗？"

我回答："是的。以招聘为例，通常面试只有几次沟通的机会，时间也非常有限。在这种有限的接触过程中，如何去塑造和管理他人的印象，这是候选人作为应聘者需要在面试中完成的工作。我们不可能坐等别人来发现我们这座金矿。实际上，不管我们是否主动沟通，每一次接触，我们势必会给别人留下某种印象。我发现很多候选人从来没有问过自己一个简单的问题：我希望别人眼中的我是什么样的。"

不知道这个答案的高管，其职场发展往往存在盲区。很多人还停留在这样一种传统思维中，即只要把工作做好，与同事友好相处，便能确保自己在职场发展中平稳晋升。

拥有这种思维的职场人士，似乎很少反省个人定位和自己的职场发展路径。业务能力和工作表现或许可以帮助一名员工从初级岗位晋升到中层管理者，但想要继续发展，就需要主动管理自己在企业中的个人品牌，管理别人的印象。当有些员工觉得怀才不遇，发展路径中遭遇瓶颈的时候，他们会经常抱怨雇主，但问题很可能出在他们自己身上。

有时候，机会也许就是一次面试，某个决定很可能取决于他人对你的印象。这看起来似乎很不公平，但事实就是如此。人是情绪的动物，有些候选人工作能力并不差，但因为在面试中没有妥善准备，无法很好地展现自己的优势，所以没能得到晋升的机会。

我必须做些解释，候选人的个人品牌其实在面试开始前就已经形成了。面试是候选人展示个人品牌的好机会，就像品牌广告在电视上播放，或者商品被摆上货架。包装要有吸引力，商品信息要明确，这些都是必不可少的。一个品牌的影响力和品牌核心价值，要通过长期投资和运作来形成，绝非一日之功。

个人品牌是持续投资的产物。持续投资会主动为候选人创造价值和市场机会。投资的衍生品之一可能是为你带来一次面试机会，让你得以在面试中展示个人品牌。

托妮又问："在不同的面试中，候选人是不是得展示不同的面？这是不是说个人品牌也会不断变化？"

我解释道："不尽如此。例如，我们曾为一家金融机构做招聘，那是当地一家名列前茅的大银行。我们和客户的 CEO 讨论招聘需求的时候，他明确表示既不需要长名单，也不需要短名单，他有明确的人选，那是另一家银行的某位高管。他所需要的是猎头顾问和那位高管接触，说服他来面试。"

当然，这是一个极端案例：那位候选人的个人品牌如此清晰，足以让雇主方为了吸引他加入企业而努力。在这种情况下，候选人不需要根据面试细节来调整信息，当然这里不是说候选人面试前不需要做准备，每次面试都该做准备，但如果个人品牌属性很强，很多问题在面试前就已经解决了，甚至雇主方已经做出了聘用决定，只等候选人决定是否加入。我还曾经看到，雇主企业为招聘某位杰出人才，专门进行了岗位调整。

当然，这种情况的前提是将个人品牌做到极致。能达到此等水平最好不过，但即使没能达到，如果候选人已经积累了良好的个人口碑，也就是成为所谓的行业大咖，仍然不乏优质机会。当然，个人品牌也要分上中下等，候选人一定要知道自己的核心价值，以及如何与市场需求相匹配。

有些候选人试图在不同猎头顾问面前以不同形式展现自己。当他在面试一个 CEO 的岗位机会时，会努力把自己展现为一名合适的人选。候选人当然应该为具体职位做面试准备，但如果不断改变个人品牌信息，那其个人品牌核心信息就会被稀释。一个优质品牌，不管是星巴克还是法拉利，其核心品牌定位一定是保持一致和连贯的。这些优质品牌了解自己的优势，并反复传播自己的优势信息，以此吸引与品牌相匹配的受众。这个原则同样适用于个人品牌：候选人明确知道自己的个人定位、优势和价值观，并通过不同渠道持续传播这些核心信息，逐渐形成个人品牌定位。

保持个人品牌的一致性，尤其在猎头顾问等关键受众群体中保持个人清晰定位很重要。因为雇主并不会对市场人选进行持续的观察，只有猎头顾问才会持续检索候选人。猎头顾问关注和了解不同行业的人才库中有哪些人，他们的口碑如何，同行和前雇主对这些人选的评价如何，等等。这些其实就是个人品牌的要素。

所以，对高管来说，当市场机会出现时，如果猎头顾问能首先把他们作为潜在人选加以考虑，他们就已经赢得了先机，说明这位候选人的个人品牌已经建立了。

还有一点，高管个人品牌在猎头顾问心中越清晰，他们就越容易帮助候选人找到合适的岗位机会，误判和错配的可能性也就越低。定位清晰的优质个人品牌，能够帮助高管在中长期职场生涯中接触更多精准的职场发展机会。个人品牌的核心在于品牌价值，做任何事都要回到相关性和重要性。

托妮说："好吧，我来试着总结一下，你刚才讲的价值可以概括为三种价值：第一，如果未来雇主了解人选的职业口碑，机会可能会主动找上门来；第二，如果猎头顾问对人选足够了解，那么更容易找到机会；第三，个人品牌能吸引更多资源。"

我回答说："是的，而且如果个人品牌足够清晰，一些看起来似乎与跳槽无关的机会，比如说媒体曝光或参加行业研讨会等，都可能发生，而这些对职业发展同样有所助益，可能对雇主机构同样有价值，因为它们都可能成为企业宣传的机会。"

***

高管招聘行业里有一种猎头顾问甄别候选人的方式，叫作寻访。所谓寻访，就是当一个招聘项目开始的时候，猎头顾问会主动与目标行业的内部或权威人士（如退休高管或资深业内人士）联系咨询，通过他们的推荐来寻找潜在候选人。猎头顾问认为这是一种准确性较高的候选人甄选途径，因为这通常意味着人选在行业里有同行认可度，也就是口碑。比如，在某个跨国传媒企业的高管招聘过程中，多位业内人士向我推荐了某位高管，并对其交口称赞。这便是个人品牌的力量。

当然，我必须承认，能做到这些的候选人并不多。即便是上述这位人选，我还是可以挑出他在个人品牌方面的问题，比如说那些推荐者对这位人选的个人优势描述不一致，这意味着受众群体里没有对其形成统一认知。换句话说，个人品牌虽然存在，但是定位并不清晰，知名度虽然有了，但缺乏核心价值。

市场营销中，品牌的核心价值回答的是关于"这个品牌是什么"这样的关键问题。有知名度的品牌未必是成功的品牌，如果受众不了解百事可乐和可口可乐的品牌核心价值，他们便无法做出选择，结果将是产品无法在受众心中形成不可替代性。优秀品牌必须有其清晰的品牌核心价值，而个人品牌核心价值的创造者和传播者不是别人，正是高管自己。

下面我们就讨论一下高管该如何建立、塑造和传递个人品牌。

刚才说到的那位媒体行业的高管，算是那些已经初步形成了个人品牌的案例，虽然我怀疑这个品牌是无意形成的，并不是有针对性地设计出来的。假如他能够主动、有意识地去管理个人品牌，并持续为此投资，那你可以想象结果会如何不同。回到商业品牌领域，无意获得成功的案例几乎不存在。

成功打造个人品牌的首要原则就是真诚。个人品牌的核心价值必须是真诚的。举例来说，因为"滴血验癌"神话破产而入狱的"女版乔布斯"的故事就是一个典型例子。那位斯坦福大学毕业生通过一系列人为构建塑造了一个硅谷创业天才的神话，她对个人品牌的精心打造可谓精耕细作，从针对性社交圈搭建、个人穿搭风格，甚至声音语调的变化，都配合着自身个人品牌的塑造。然而，当谎言被戳穿时，一切灰飞烟灭，一度帮助她获得巨大成功的个人品牌瞬间崩塌。在这个案例中，她违反了个人品牌的首要原则——真诚。换句话说，这是一个虚假的品牌。

我想谈的第二个原则是，经营个人品牌时可能会存在的重大误解，就是想把自己塑造成一个完人。如果你看到一个药品广告声称能包治百病，你一定不会相信。胃病有治胃病的药，头疼有治头疼的药，号称包治百病的药肯定是胡说八道。

同样，作为企业高管，你不可能也不需要是个完美候选人。一个有价值的个人品牌并不等同于完美的人，因为这种人并不存在。每个人都有独特的优势和特点，高管的个人品牌就是清晰展现其在职场相关领域的个人特点和特长。有时根据情况所需，甚至不妨把短板也加以展示，塑造一个真实的个人品牌。

我至今仍清楚地记得，在一次招聘项目中遇到的一位候选人。过去十多年，我曾见过上万名候选人，却仍记得这位候选人的模样和名字，这起码说明这位候选人给我留下的印象很深。我记得他，部分是因为他非常真诚，也是个很会讲故事的人。

他曾讲起自己收养家门口发现弃婴的事。这种故事在面试时不是经常听到的，而且跟那个招聘项目没有直接关系，也跟职业技能无关。但他通过这个故事充分展现了个性，让我对他建立了立体印象。通过那次面试，我记住了这位候选人，我听说他的职业发展一直很顺利。

很多高管在企业工作时间久了，似乎泯灭了个性，变得同质化。大概是受到同行影响，不少候选人在面试里讲述自己的方式甚至语气都很相似，似乎他们不愿意或担心展示个性。

对我来说，有两种候选人很难给我留下深刻印象：一种是完全不知道如何展示自己的人，他们面目模糊，似乎千人一面，沟通技巧有限，完全不会推销自己；另一种是过分推销自己的人，通常是在商学院毕业的留学生。他们总是迫不及待地推销自己，把自己藏在各种商业名词和术语后面，时不时抛出几个"大佬"的名字来展现自己的人脉圈子。这些人大多实战经验有限，也并非实干型的人，他们只对如何以最快速度爬到职场顶部感兴趣。只要你不打断，他们会讲个不停。

还是那句话，个人品牌首先要做到真诚。个人品牌所展示的品牌价值观必须是你真正信奉并实践的，而不是作秀。个人品牌展示的是真诚的个体，而不是机器人。有经验的猎头顾问阅人无数，用人单位的人事主管也是如此。展示个人品牌需要有的放矢，更需要有料，茶壶里煮饺子和满嘴跑火车都不是有效展示个人品牌的方式。

优秀的个人品牌能减少和猎头顾问沟通时发生的理解偏差，对自己有明确个人认知的候选人，当市场机会出现时，他们会相对客观、不受干扰地去评判市场机会。猎头公司和这些候选人接触时，往往能较为明确地知晓他们的品格及个人特质。如果高管有清晰的自我认知，并且猎头顾问对候选人也足够了解，那这些候选人总能获得更精准的职业发展机会。

有时候，我们可以看到猎头公司努力包装某位候选人，告诉候选人在面试中应该突出哪些优点。说实在的，这种操作方式风险很大，就算候选人在面试中能把自己刻意包装成某种形象，但当他加入雇主企业后，本来面目还是会在日常工作中真实呈现出来。

还有一点，当高管有清晰的个人品牌定位时，比如他们是某行业或领域的专才，或者是意见领袖，此时猎头顾问和他们接触就会更谨慎，避免因信息错配而误导他们。

猎头顾问跟候选人之间其实存在某种微妙关系，这种关系有点像跳探戈舞：当一个品牌弱势的高管遇到强势的猎头顾问，猎头顾问可能会通过不同方式去影响候选人的职业规划,毕竟其工作就是对高管的职场思路施加影响;但当猎头顾问遇到个人品牌明确的候选人时,他们可能会更谨慎地行事,更尊重和考虑候选人的想法,因为这些人很清楚他们拼搏的战场和前进的方向在哪里。

***

托妮说:"我有个问题,应该什么时候开始打造个人品牌呢?"

我回答道:"越早越好。以广义商业领域的品牌营销为例,成功的商业品牌很多都是百年老店,即使看上去新崛起的品牌,往往也经过了长期、持续的经营,最终脱颖而出。所以,品牌的形成需要长期投入和经营,这是持续投入的过程。"

***

广告大师大卫·奥格威有个经典的说法:"经营品牌就像开蒸汽火车,列车开始运行后,仍然要持续往锅炉里加煤。"品牌塑造同样是个持续的过程。如果能尽早开始建立个人品牌,营造个人品牌的核心价值,对个人职场发展会是一种有效助力。个人品牌并非一蹴而就的,如果没有平日的努力,待你需要时会发现,它的缺失将是多么大的损失。

就像任何品牌的建立,刚开始营造个人品牌肯定是不清晰的,而我们对自己的了解都是从不清晰走向清晰,我们不能期望一位刚从学校毕业的实习生和中年职业经理人对自己的了解同样清晰(当然,我必须说,很多中年高管未必对自己的意见形成了清晰的认知)。

如同商业品牌,品牌初创时和成熟期会有所演变,这属于品牌的发展和更新,保持与时俱进,但核心仍有坚守,这也正是真诚之处——既保有自我，又与时俱进。

下面讲的可能有点技术性。在市场营销领域有一本著作叫《实效的广告》，书里提到一个概念——独特销售观，其定义是，在商业行为中告知用户自己的品牌或产品如何优于竞争对手的一种营销策略。

品牌拥有者不是讲述产品有多么完美，而是清晰地告诉受众，选择这个品牌能获得某种独特利益。这个独特利益必须是竞争品牌或替代品无法提供的，从而让品牌赢得竞争、获得成功。这种营销概念，其实也可以用于个人品牌的营造过程。更进一步说，还有基于价值观的"独特价值观"，它不侧重于销售而着重突出价值观。

我个人认为，在高管层面，这更能体现个人品牌的价值。在初级管理者阶段，个人品牌的独特利益很重要：刚步入职场的年轻人，在企业里的职责和影响力有限，这个时期个人的独特利益，也就是个体为企业能够带来的独特利益很重要。

这个阶段，人选的竞争力很多时候体现在个人能力和专业技能层面，相对更侧重于技术性。比如，在一位中层财务干部的岗位竞争中，人选需要凸显其个人在财务技能方面的优势，这个阶段专业领域的知识很重要。然而，当其进入高管层面，比如 CEO 层面的招聘，候选人的价值观就开始显现重要性。因为在这一层面，雇主企业在审视候选人时并非仅仅考虑其专业领域的知识，这时其能力比技术更受关注。因此，候选人的价值观、信仰和世界观就凸显出重要性。他们的格局和视野更受重视。

个体的价值观是逐步形成的，如果候选人平时注重积累，并且有意识地引导塑造，其独特价值观是可以逐步形成的。大部分人平时没有认真考虑过这个话题,只能在面试中点滴渗透,面试官只能从只言片语中去捕捉候选人的独特价值观信息。在不同职业阶段,个人品牌可以用独特价值定位(unique value proposition,UVP)来建立。

对大众化产品来说,比如超市里的产品,品牌间的差异点很多,需要通过独特销售观来确立,品牌沟通侧重在产品之间的功效特点而突出利益。但在高端品牌领域,品牌更侧重于讲述其独特的价值观,而并非单纯聚焦产品功效。

同样,在职场领域里,那些很早便在职场某阶段被淘汰的候选人,或者始终无法进入高管层面的候选人,就是因为品牌故事没有讲好,没有形成有效的"独特价值定位",他们始终停留在独特销售定位(unique selling proposition,USP),有人甚至连 USP 都没有营造出来。

当高管成功地从个人价值观角度来塑造个人品牌时,才能真正地把自己和竞争对手区分开来,并拉开差距,才真正有机会成为行业大咖。因为雇主企业和行业受众,此时会被个体的价值观所驱动,而不仅判断其行业技能和知识,这些仅是必要条件。当你的个人品牌是基于价值观时,你的品牌光环是完全不同的。

从技术层面来说,塑造个人品牌要关注两种不同的环境:一是企业内部,二是外部环境。很多职场人士在机构内部并没有刻意营造个人品牌,也有人专注在企业内部经营个人品牌,却忽视了外部环境。对职场人士来说,二者应该兼顾:既要在机构内部打造个人品牌,也应有意识、系统性地在外部环境中输出个人品牌信息。

具体方式可根据个案而异,比如参加行业研讨会、在专业领域的权威媒体发表文章、建立个人自媒体渠道并注重日常沟通。举例来说,对一个数字营销领域的中层管理者来说，可以考虑撰写关于本行业的书，建立博客分享在数字营销方面的知识点，或者组织相关话题研讨会，举办同行沙龙，引导对专业领域的持续研讨。

这些行为都属于在外部环境中营造个人品牌的行为。这些行为将会通过不同角度传达给潜在受众，包括猎头顾问。持续的努力将有助于候选人在职场中确立个人品牌。

必须注意的是，个人品牌的外部沟通信息和内部传播信息应该保持一致。职场人士不能在企业内外部环境以不同的面孔出现，这会混淆和弱化个人品牌信息。另外，职场人士应该充分了解供职企业对外部活动的态度，有些企业可能因为行业的特殊性，对员工的对外活动有约束，比如金融行业，可能因为行业监管的特殊性，高管参与外部活动需要提前报备审批，等等。

总而言之，在个人品牌塑造方面，既要保持对内和对外的双层沟通，又要保持信息的一致性，切记一个品牌不能以多重面孔展示。

在招聘过程中，我们经常发现雇主机构会主动查看候选人的社交媒体信息，了解和确认候选人的"个人品牌"。所以任何发布在社交媒体上的信息，包括文字、图片、评论等，都有可能对个人品牌产生影响。

***

"该死的，我的脚卡住了！"走在前面的丹大声说。

在托妮的帮助下，丹总算用力把一只脚从雪洞里抽了出来，鞋上沾满了雪和黑泥。

"埋在雪底下的树洞，我刚才没注意。"丹一边用力踢着身边的树干，让鞋上的雪和泥落下来，一边解释。

我和托妮走在后面，沿着丹开辟的道路，所以没有碰到任何麻烦。尤其是我，走在队伍最后面，一边唠叨一边跟在托妮身后，她背负的行李比我多很多。有时候我怀疑她到底有没有在听我说话。不过对我来说，这样的讲述至少有一个好处——让我忘掉自己艰难的徒步旅行。我是用中文讲述的，丹听不懂，不过我很好奇，如果他能听懂我说的内容，他会有什么反应。我觉得他至少会同意我说的关于真诚的那个观点。

猎头说

- 高管招聘中，有清晰个人品牌的候选人更容易赢得职场机会，包括取得满意的职位和薪酬待遇。
- 我们对自己的认知和描述，未必是别人对我们的描述，有时两者间可能有较大的差异。
- 建立个人品牌的三个要点：明确你期待的自己在他人心目中的印象；印象与职业发展直接相关；有意识地营造和改变他人的印象。
- 很多高管认为只要把工作做好，人际关系处理得不错便能确保在职场发展平顺，这是对职场的极大误解。
- 高管个人品牌的价值和品牌核心价值要通过长期投资和运作而形成，绝非一日之功。
- 高管个人品牌在猎头顾问心中越清晰，他们越容易帮助候选人找到合适的岗位机会。

- 个人品牌对雇主机构同样有价值，因为它们都可能成为企业宣传的机会。
- 成功个人品牌的首要原则是真诚。
- CEO 层面的招聘，候选人价值观的重要性更为凸显。雇主审视人选时并非仅仅考虑其专业领域的知识，个人能力比专业技能更受关注。人选的价值观、信仰和世界观就显得尤为重要，他们的格局和视野也更受关注。

第 9 章
别怕，薪酬谈判有技巧

从黑齿湖露营回来后,我的时差终于完全调整过来了。这次旅行居然这么久才缓过劲儿来,让我有点意外。二十多岁时,出远门对我来说从来不是问题。

那天我正在剧场看书,门口传来脚步声。托妮推门走进来,她和我简单打了个招呼,便坐在沙发上托着腮不吭声,显然心情不佳。我放下书问她是不是电影筹拍碰到了什么困难。她告诉我,她的经纪人昨晚打电话告诉她,有制片人对她的一个剧本感兴趣,表示愿意投资拍摄,但对方提出要大幅修改内容,还要求把主人公改成女性,原因是迎合市场需求。根据市场分析,制片方认为以女性为主角有助于影片营销发行。托妮不打算修改,但经纪人提醒她,如果她拒绝,可能导致制片人直接退出。托妮感到进退两难,她问我有什么建议。

我想了想回答道:"我倒觉得未必是个坏主意,如果角色是位女性,观众可能觉得主人公面临的挑战更大。"

托妮失望地说:"你真这么想?"我点点头:"如果不改变故事想表达的内容,这个改动好像影响不大。"托妮蹲在沙发上,弓起背,双手托腮,陷入沉思,看起来像只猫。过了半天,她有气无力地说:"可能你是对的,不过那就不是我想讲的故事了,我还是不想改。"

我急忙表示支持:"当然当然,这是你的故事,我只是怕投资人不投资了。"

托妮悻悻地说:"不投就不投吧,这又不是头一回。"我看她情绪很低落,便没再说什么。托妮走到剧场外打电话,我听不到她说什么,只能看到窗外的她来回走动,挥着手似乎在试图说服对方。过了一会儿,她放下电话,我看到她站在屋檐下背靠着墙,面无表情地抽着烟,看起来她和经纪人讨论的结果不太理想。

我猜今天不用和她讨论猎头的话题了,虽然我已经做好了准备。托妮走进剧场,好像什么都没发生过。"我们接着昨天的内容讲吧。"托妮平静地说,她走到餐桌旁坐下,和往常一样打开了笔记本电脑。

对于她的情绪调整能力,我不由得感到惊讶,我觉着继续有关猎头的讨论或许能帮她暂时忘掉烦心事,于是我端着茶在她对面坐下。我说:"真是巧合,今天我打算讲的话题也跟钱有关,这个话题是薪酬谈判。"

托妮露出无奈的表情,她做了个鬼脸说:"太应景了,看看我能学到点什么。"我笑了笑,开始了今天的讲述。

***

薪酬谈判这个话题其实可以专门写一本书。为什么这么说?因为这个话题很大,仅谈其中一点,比如遣散费,就可以长篇大论地讲很多。有的律师专攻这个领域,可见这是一个多么庞杂的话题。因为时间有限,我们只能简略地说一说。

最好的薪酬谈判，是在这个话题启动前，雇主已经有充分意愿为候选人提供优厚待遇，也就是说，对方渴望成功招聘候选人，期待候选人能加入企业。这种事情，通常只会发生在候选人拥有优秀的个人品牌的情况下，需要候选人在个人品牌营造方面有充分的投入。

***

托妮叹了口气："可不是吗，如果我是大卫·林奇，制片人还不得追着投资。"

我不知道托妮说的是谁，不过我猜肯定是个知名导演。我笑了笑接着说："你说的这个人如果有个人品牌的话，也是长期积累的结果。咱们接着刚才的话题说。"

***

在任何招聘过程中，雇主启动薪酬谈判，人力资源部门开始着手准备聘用意向书时，表示他们已经决定雇用候选人了。但雇主此时通常还有后备人选，如果最终候选人因为薪酬谈判破裂等原因无法完成招聘，企业还有其他选择，后备人选可能来自企业内部，或者是外部。

即便招聘过程一切顺利，雇主决定雇用某位候选人，招聘双方仍然要通过具体磋商来完成薪酬谈判，仍需要讨论确认薪酬结构的细节。对很多人来说，包括有经验的猎头顾问，这个过程绝非易事。这可能是招聘过程中最艰难的部分，原因是高管的薪酬结构远比初入职场的员工复杂。

这些繁复细节导致薪酬谈判中很多地方可能会出现意外。另外，还可能发生的情况是，候选人的现任雇主企业决意挽留，提供了还盘条款①。

高管的薪酬结构通常包括基本工资,这是现金收入的部分,此外还有年度或季度奖金等浮动性收入,管理层奖金收入,企业为高管提供的俱乐部等会员福利、股票和期权、管理层差旅待遇(比如商务或公务舱旅行安排,公司提供的车辆甚至私人飞机),高管的福利还包括子女教育费用、家庭成员医疗保险、法律服务、特殊工作地区的补贴和签约奖金,等等。

遣散费用是另一个特殊项目。遣散费是在合同终止时,公司需要提供的补偿,这是高管薪资结构中的一部分,也是薪酬谈判中需要包含的内容。

我建议候选人与企业谈判时,多花些时间去讨论这部分。因为在跳槽过程中,候选人面临风险,他面对一个新雇主,不同的企业结构和公司文化,企业在未来数年也可能发生变化,包括业务方向和内部结构,这些都可能会对其未来职业发展造成影响。因此,候选人应该在加入企业前,与雇主确认不同原因而导致的合同终止所对应的遣散费用。

职务越高风险越大,遣散费在高管薪酬待遇里很重要。尤其是发生社会层面的经济变动时,高管突然被裁员的情况经常发生,对被裁员者来说,重新找到合适的工作并非易事。

有些候选人不愿意或担心遣散合同条款的谈判,他们顾虑这个部分的讨论会影响雇主对自己的印象,其实这种担忧大可不必。事实上,这

---

① 还盘条款(counter offer)特指当候选人准备接受新 offer 时,老板用加薪、感情、福利等方式进行的挽留。——编者注

是候选人讨论这个话题仅有的机会，一旦进入企业，这件事就失去了讨论基础。

站在雇主的角度，招聘项目负责人和人力资源部门的确有可能利用候选人的担忧而回避这个话题。在这个节骨眼上，候选人一定要沉住气，要知道雇主方如果在此刻利用候选人可能存在的内疚感和担心迫使他们尽早签约，那很可能是雇主方使用的一种谈判策略。无论如何请记住，这是把该条款包含在合同里的唯一机会。

另外，在薪酬谈判中，候选人应当尽量做到知己知彼。所谓知己，就是候选人要清楚地知道目前的收入情况，包括各种细节——工资收入、浮动项目收入、期权和其他福利待遇等。建议把所有这些内容罗列出来，做一张明细表，保证自己对目前的收入状况有清晰的认识，并在招聘方有要求时拿出来。

为什么强调这点？在招聘过程中，我曾多次经历，在薪酬谈判的时候，候选人突然提出自己先前提供的收入信息有遗漏，有时甚至是大额收入项目。出现这种情况比较尴尬，它对候选人的信誉会产生很大影响。为什么谈判已经进展过半，雇主方的人力资源团队已经着手准备薪酬提案，候选人却在此时提出影响整个谈判态势的信息？这会严重影响候选人的专业性。

所以候选人必须知己知彼：第一，清楚自己目前的收入情况；第二，对自己的收入在市场中的水平有客观认识，这涉及与雇主企业展开薪酬谈判时，对方提出的待遇从市场整体来看是否合理。

有时候，候选人的薪酬待遇可能因特殊情况而高于市场水准，这种情况的原因有很多种，有时是因为企业为了阻止高管流失而采取的措施。这种情况可能会限制候选人去接触市场机会。很少有人会觉得自己的收入过高,大部分情况下员工都会认为自己的待遇是应得的,但他们可能不了解自己的收入已经超过甚至远超市场同行的平均水平。这种情况下,候选人或许会在招聘项目开始阶段,即被猎头顾问或雇主企业排除,因为雇主方无法提供相应的薪酬待遇。

如果自己现有的薪酬高于市场水平,候选人需要做出判断,是接受市场机会,还是继续保持现有收入。如果候选人决定寻找市场机会,则需要在薪酬方面保持灵活。

所谓知己,是指知道自己的职场终极目标。有时要以退为进,记得最终目标,其他的都是战术行为。如果你在当前企业环境里已处于瓶颈期,而待遇却超出市场水准,此时如果单纯为保留待遇而拒绝市场机会,从职业长期发展角度考虑可能是误判。必要时要学会取舍。

所谓知彼,是指要对雇主企业的薪酬结构有所了解。有些情况下,候选人和雇主企业的薪酬谈判陷入僵局,是因为不了解雇主企业的薪酬结构。任何一家公司,除非特殊情况,雇主通常不会随意改变现有的薪酬结构。在企业的每一个层级,都已经架设了相应的薪酬体系,企业不会为了某个人而轻易破例,为其提供同级别的其他同事所不具有的福利待遇,这种情况极为罕见。

所以,如果在薪酬谈判过程中,对雇主方的薪酬结构,尤其是相关级别的待遇水平有基本了解,对市场现状中类似岗位级别的收入水平心中有数,那么谈判就会比较顺利。

在薪酬谈判时,企业的人力资源部门通常会参考市场和城市的行业薪酬报告,报告所反映的信息通常能帮助企业判断目前的薪酬结构水平。如果候选人在谈判中提出的期待值远超出行业水平，会令企业质疑候选人的专业性和离职动机。

市场数据不难取得。有些人力资源咨询公司会展开年度行业薪酬调查，并根据调查结果撰写薪酬调查报告。通常这些报告里的数据会根据行业、部门和级别进行详细分类，比如销售、财务或储运部门的各层级收入水平。有些报告可以购买或通过公开渠道下载。雇主企业的薪酬结构可以通过对方人力资源部门或猎头顾问了解，也可以通过同行或其他渠道获悉。

这里提醒一下，我们现在讨论的都是在薪酬谈判阶段相关的话题。进入该阶段，雇主企业通常已经完成了面试，企业此时已经从短名单里甄选确立了最终候选人，并决定为其提供职位。按照招聘流程，企业此刻通常需要完成两个最终步骤：一是向候选人提出聘用意向书，二是做职业背景调查。

＊＊＊

讲到这里，托妮问道："要是想早点了解雇主的待遇，这样做是否合适呢？"

我回答说："在招聘过程中，当企业检视候选人时，通常在短名单阶段会要求猎头顾问提供这些人选的大致薪酬情况。这个时期，雇主通常不需要逐条罗列收入细节，但他们会要求了解候选人的整体收入情况，确保候选人处于企业能够负担的岗位预算框架内。如果获知这些信息后，企业仍有意愿继续和其接触并安排面试，则表示雇主能够给予候选人相应的薪酬待遇。"

第 9 章 别怕，薪酬谈判有技巧

***

必须说明的是，即便候选人目前的薪酬水平高于雇主企业为所招聘的岗位提供的待遇，也不意味着企业一定会放弃候选人。雇主方通常会综合考虑，包括岗位现任或前任高管的资深程度、人力资源年度薪酬总预算等因素，但即便此刻对方仅需整体收入信息，如前所述，候选人必须尽量避免在薪酬谈判阶段大幅修改收入状况。

知己知彼的另一方面，是候选人应该了解在当前市场状况下，该行业同层级的员工跳槽的平均薪酬调整幅度。这个当然会根据经济现状和人力资源供需现实而有所不同。候选人需要对市场水平有基本的了解，当行业现实中跳槽的薪酬调整幅度是 5%，如果期待雇主方能满足 30% 的薪酬涨幅就不太现实了；同样，如果市场平均水平是 20%，而对方仅提供了 5% 的薪酬调整，对候选人来说也不是合理的薪酬提案。

雇主的人力资源部门通常会对这些情况比较了解。候选人需要做更多的功课，包括和猎头顾问的讨论。在薪酬谈判时，候选人还需要准备提供相应的收入信息。雇主方人力资源部门收到候选人的详尽收入信息时，有时会需要候选人提供个人收入证明，比如现任雇主工资条等。这些材料需要候选人事先准备好，如果届时无法提供，有可能对薪酬谈判造成阻碍。

关于知己知彼的另一个方面，是候选人需要了解潜在损失。不管在什么时点，高管离开现职企业都可能面临某些财务损失。比如，员工在公司财年尚未到达年底时离职，可能无法获得或仅能按比例收到年度绩效奖金。准备离职的高管需要对这些情况做好准备，这些损失可能需要在薪酬谈判时计算在内。当然，候选人有时需要做好准备，接受这些损失。

在薪酬谈判中,雇主企业为了鼓励候选人接受工作,有时会提供签字奖金作为薪酬的一部分。对人力资源部门来说,有效利用这种条款能保证新入职员工的收入水平符合企业薪酬标准,但入职的总体收入又能有效满足候选人的期待。这种费用通常会从人力资源部门年度招聘预算中提取,无须改变企业现有薪酬结构。需要了解的是,这种签字奖金有时会有相应的约束条款,比如,如果员工在某个约定期限内离职,奖金将被收回或部分收回。另外,如果企业提供的薪酬提案包括非竞争性条款,员工如果离开企业,企业将提供某种财务安排,作为避免员工加入竞争企业的补偿。

***

托妮再问:"薪酬谈判候选人是否可以请猎头顾问帮忙?就像经纪人那样?"

我回答:"在薪酬谈判阶段,猎头顾问的目标是尽量在最终人选和雇主企业中促成谈判。不过要记得,对猎头顾问来说,雇主企业才是真正的客户,他们是招聘服务的付费方。从这个角度来说,猎头顾问不能忽视雇主意愿,而为候选人全力争取满意的待遇。"

***

当然,在实际操作中,因为招聘模式不同,有些猎头公司的服务费会按最终入职人选的实际收入比例提成,所以有的猎头顾问可能有意抬高候选人的薪酬水平。但是雇主人力资源部门通常也有相应的反制方式,包括在和猎头公司签署招聘合同时,事先将招聘费用封顶,等等。

专业的猎头顾问倾向于与客户（雇主企业）保持长期合作关系，通常他们会避免这种刻意抬高候选人待遇的操作。

这里还要强调一点：有时成功入职的高管会跟猎头顾问继续保持联系，希望未来有需要时猎头顾问可以再次帮忙寻找外部机会。但对专业猎头公司来说，猎头顾问和雇主企业签署的招聘合同里通常会约定，猎头顾问不允许挖角入职人选，这些协议可能还包括该人选岗位的上下级直属汇报关系的员工，甚至雇主企业的其他员工。

在高管招聘里，候选人在谈判中接触的对象大部分是猎头顾问，雇主企业的薪酬提案通过猎头顾问转达。猎头顾问的工作是在双方之间进行沟通协调，这为雇主企业提供了一个缓冲机会，双方的态度和反馈通过作为中间人的猎头顾问来传达。

当然，也有些招聘是雇主提出并直接与候选人沟通的。这里有不同的原因，有一种情况是雇主希望避免告知猎头公司候选人的最终待遇，其目的是控制招聘费用，待招聘结束后，猎头顾问得到的候选人的薪酬合同并非真实合同，这种操作有点类似阴阳合同。说实话，猎头顾问最怕遇到这种情况，这对猎头顾问来说并不公平，但是这种非专业操作的确存在。其实，选择这种手段并不能阻止猎头顾问获得候选人的真实收入。对猎头顾问来说，有很多不同渠道都能探知入职者的薪酬待遇，这只会影响雇主企业和猎头顾问的关系，败坏雇主的声誉。

另外，在薪酬谈判时，必须了解谈判者的需求，这很重要。大多数时候，你的谈判对象是雇主企业的人力资源部门负责人，那些人是进行合同谈判的执行者（当然，如前所述，信息是通过猎头顾问传递的）。候选人需要了解这些谈判具体操作人员和他们的动机，因为这里涉及雇主企业内的人事动态，有时雇主企业有强势的人力资源部门负责人，招聘岗位的部门负责人会迁就人力资源部门的意见；有时情况刚好相反，岗位部门负责人很强势，人力资源部门竭力满足其所需，更愿意妥协。候选人在面试过程中通常会与这些人打交道，这是了解他们之间动态关系的好时机，这对薪酬谈判会有所帮助。

知己知彼，了解对方每个关键利益相关者的个人关注点，在薪酬讨论时才能有的放矢地进行谈判。

以上所述，不仅是高管级别的薪酬谈判策略，我认为对其他层级的员工同样适用。就算是一位初入职场的年轻人，在讨论薪酬待遇时，如果充分了解谈判者的心态，仍然会有帮助，所以该原则同样适用于职场新人。关键是职场人士需要尽早对此有所了解并练习使用。知己知彼，其实在任何职级都同样重要，只是复杂程度可能因级别不同而各异。

***

托妮问道："还有个问题，谈判中猎头会不会告诉你哪些地方需要迁就，哪些地方有必要争取？这方面能否征求猎头顾问的建议？有没有哪些条款是可以争取的，或者不应该谈判的？"

我回答道："这个问题很关键。薪酬谈判是由候选人来主导的，专业的猎头通常不会给候选人提供具体建议；但是，这种关系很微妙，猎头顾问当然有意愿促成谈判顺利达成，不过如果你希望他们像你的经纪人一样为你竭力争取，那肯定不现实。"

***

说到这里，我想就托妮刚才谈到的经纪人说点题外话。我觉得在高管招聘领域里，其实存在一个颠覆行业的机会。这个领域应该出现高管经纪人这类角色。我曾经和公司管理层提出过这个构想。高管招聘行业应该是时候改变了，尤其是越来越多高管开始有个人品牌的意识，各个行业已经开始涌现明星级别的职业经理人，这些高管应该有专业的职业经纪人为其规划并协助其职场发展。

这些经纪人可以从专业角度评估外部机会，充分进行风险调研及市场信息收集，以便在薪酬谈判时负责谈判。职业运动员、演员都有签约经纪人，由经纪人负责转会、签约、薪酬谈判和品牌营销等工作，这样他们可以把全部精力投入竞技和表演，而不必为此分心，专业经纪人的介入还大幅减少了相应的风险。

而现在的高管招聘行业中，高管们大体处于弱势地位。他们被迫应对很多并非自己专业擅长的事务，包括职场机会寻找和判别，而且级别越高的管理者，所面对的风险往往越大。你很难想象如梅西这般伟大的运动员亲自去处理转会、合同谈判、产品代言签约等琐碎事宜，然而这便是高管在职场所面临的现状。这就是为什么高管招聘失败比例很高的原因。

重新回到薪酬谈判话题。在这个阶段，需要提醒的另一点是保持良好的抗压能力。在这个阶段，雇主方（包括猎头顾问）有时会刻意施压，促使你尽快接受职位。这是一种心理战术，需要你有充足的抗压能力——必要时你需要有离开谈判桌的勇气和决心。你要记住，雇主方此刻已经明确表示希望你接受目标职位，盼望你加入企业，天平已然往你这边倾斜，所以你不要急于求成，一旦签字接受，谈判机会就不存在了。

****

托妮问："那候选人应该自己提出希望得到的待遇吗？"

我回答道："在高管招聘中，当你把现有待遇细节都提供给雇主企业后，如果双方已经进入薪酬谈判阶段，对方通常会提供一份聘用意向方案。当然，有些情况下，雇主方会先了解候选人对薪酬调整幅度的期待，但大部分情况下，雇主不会指望候选人主动提出报价。他们可能会通过猎头公司去了解候选人对岗位的薪酬预期，或者对目前的薪酬结构中有哪些需要特别关注的地方，仅此而已。"

托妮又问："什么时候是提出辞职的合适时机呢？"

我答道："通常候选人会在正式接受雇主企业的聘用意向书后才提出离职。当然我也见过有的候选人拿着外部企业的聘用意向书和自己的雇主谈判，希望迫使雇主提供还盘条款。对此我不建议这么做，原因很简单：现有雇主可能会认为员工缺乏忠诚度，利用外部聘用意向书来要挟企业提高待遇。"

****

如果这位候选人的确是位明星高管，现雇主有可能会提供还盘条款，但问题是，企业对员工的忠诚度从此便存疑。比这更重要的是，当你决定接触市场机会并进入实质性薪酬谈判阶段，也就是你的确认真考虑外部机会时，通常在现雇主企业内部有某种内因促使你考虑离开，但这种内因不会因为企业提高待遇就消失了。从我个人的经验看，很少有人纯粹因为待遇而对工作感到满意。

除非在现雇主企业中，你的确待遇偏低，甚至低于同级或市场平均水平。你希望跟现雇主沟通以提高待遇。但是请务必小心：如果你拿了一家企业的聘用意向书仍和另一家包括现雇主企业在内的公司谈判，甚至仍然希望谈到最高价，你会在猎头顾问和未来雇主方留下非常负面的印象。猎头方和雇主方所有付出的努力都将付之东流，而且候选人的诚信度也将大打折扣。这一点是高管们需要格外留心的。

***

我和托妮正聊着，老韦突然来剧场找她，说有些急事要和托妮商量。我便停止了讲述。

猎头说

- 在很多招聘中，雇主虽然启动薪酬谈判，但此时仍然有后备人选，可能来自企业内部，或是外部人选。
- 薪酬谈判中可能出现意外，包括候选人的现任雇主企业执意挽留，提供还盘条款。
- 薪酬谈判进展中，候选人若更改先前提供的收入信息，很容易引起雇主的负面反应，从而影响候选人的专业性。
- 要对雇主企业的薪酬结构有所了解。除非特殊情况，雇主不会随意改变现有薪酬结构。
- 即便候选人目前的薪酬水平高于雇主企业待遇，也未必意味着雇主一定会放弃候选人。
- 专业的猎头顾问会避免刻意抬高候选人待遇的操作。
- 薪酬谈判是由候选人来决定的，专业的猎头通常不会给候选人提出具体建议。
- 候选人最好在正式收到雇主聘用意向书后再提出离职。
- 如果候选人用雇主聘用意向书和包括现雇主在内的另一家公司谈判，会在猎头顾问和未来雇主方留下负面印象。

第 10 章
别慌,背景调查有门道

托妮住的地方离剧场不远，是山坡上的一处平房，有三间相连的客房，以及共用的洗手间。这处建筑被老韦称为"宿舍"，是供岭的长期志愿者使用的，夏天接待的客人比较多，山上的志愿者也会相应增加。接下来，隐修林还会修建一些其他建筑，包括数间独立木屋、一座能承办聚会和会议的小型多功能厅和茶室。从老韦和托妮的对话里，我能听出来，他们熟悉的志愿者不仅有本地人，也有从外地专程赶来的义工。在北美，做义工是个成熟的传统，像丹这样的年轻人如果报考大学，义工经历是申请内容中必不可少的。

我去找托妮，在她的房间里坐了一会儿。托妮的房间非常杂乱，让人几乎无处下脚。小桌上堆满了文件、稿件和装订成册的剧本；床边有两个箱子敞开着，衣服也随意堆放；洗手间的抽风机嗡嗡转动；露台小茶几上的烟灰缸里插满了烟头；靠墙的地上摆着一排空啤酒罐。

这个姑娘看起来很干练，没想到住的地方竟如此邋遢。托妮显然不觉得这有什么问题，我刚进门她就递给我一罐啤酒，让我随便坐。我左右看了半天，只好盘腿坐在地毯上。

我问她电影投资的事情有没有着落，她说经纪人还在努力，不过希望渺茫。听起来制片人不但想改动故事，还可能另请导演拍摄。她问我有没有相熟的朋友可以帮忙，我搜肠刮肚，突然记起在波特兰的朋友黎明和影视行业的人打过交道。黎明在一家知名服装品牌做市场营销，他曾经跟我聊起在美国拍摄广告的趣事，有几个他合作过的导演好像在好莱坞还有些名气，说不定他能帮上忙。于是，我让托妮把项目资料发给我，我答应她帮她看看有没有认识的朋友愿意考虑投资拍摄。但我也善意地提醒她别抱太大期望，我认识的朋友里没人做过影视投资，而且托妮的故事题材并非商业电影，不但周期长，而且风险也比较大。托妮说她能理解，不管结果如何，她对我愿意提供帮助表示感谢。

托妮问我对商业合同是否在行，我说接触过的大多数是聘用合同，但多少也参与过一些其他类型合同的拟定。她给我看了几封邮件，看起来现在有几个潜在的合作者希望参与这个项目，其中有一个后期制作公司，同意以低于市场价格一半的费用承担影片的混音工作，但是希望获得一定比例的影片后续收入分成，以及执行制片人的头衔；还有一位潜在的个人投资者，对方愿意提供五万美元的投资，但是希望取得执行制片人的资格和影片百分之五的股权。

托妮问我对这些情况的看法，对此我有点惊讶，因为我其实对电影制作行业不了解，另外我没想到她竟对我如此信任。我按照自己的理解给了她一些建议，托妮认为我的意见很好，她会和经纪人讨论。

接近中午，我和托妮前往剧场。剧场大门刚打开，便闻到一股香辣的咖喱味，老韦把午餐摆上了桌。

吃过饭后，老韦和托妮开会商量工作安排，我不想打扰他们，便离开剧场出门散步，宫本自告奋勇地陪我出门。

越往山上走积雪越厚，我没有继续攀登，休息了半小时后开始下山。回到隐修林，我到剧场煮茶。我有便携水壶可以在房间里煮茶，但是这些天我已经习惯了在剧场喝茶，这里是隐修林的中心，不只我常来这里，宫本和亚历山大每天都守在剧场门口。

托妮和老韦在电脑前讨论隐修林的财务预算，我拿了杯茶便准备离开。老韦叫住了我，问道："托妮说你是招聘顾问，能不能请你帮个忙？"

"当然可以。"我爽快地回答，"这里有我能帮上忙的地方，我很愿意效劳。"

老韦解释说，隐修林需要寻找一位经理负责营地运营和日常管理，他有几个潜在的合适人选，最近会邀请其中一些人到山上，老韦问我是否愿意参加面试，以及帮忙整理一份岗位描述。我毫不犹豫地答应了，在山上我能帮忙的地方有限，而这件事正是我的专长。他说这个岗位的招聘并不容易，不但需要候选人有相关的经验和技能，还需要能长期在郊野生活和工作。和劈柴相比，这种事我轻车熟路，回木屋就开始动笔，没多久便根据老韦的描述和自己这几天的观察，完成了草稿并发给了老韦。

下午四点前，托妮抱着电脑，提着几罐啤酒到林间木屋找我，我问她对老韦可能离开有何想法，托妮说她并不感到意外。托妮说，这又不是老韦生活的第一次改变，肯定也不会是最后一次。

"谁知道呢？说不定我们以后还能在东南亚某处再次合作。"托妮想了想说。

于是我便和她继续讲述猎头的话题。"今天咱们说说背景调查。"我告诉托妮。她麻利地在键盘上敲击,记录着我说的话。

***

在高管招聘的最终阶段,除了薪酬谈判,另一项重要工作便是背景调查。

背景调查是招聘中的一个重要环节。如果没有收到候选人的完整背景调查报告,企业通常不会做出最终雇佣决定。背景调查通常发生在招聘项目的尾声阶段,往往在雇主与候选人进行薪酬讨论的同时进行。

背景调查的主要目的是核实候选人职业履历的基本事实,如以往的就业情况和工作表现,前雇主企业对候选人的业绩评估和管理风格,以及个人特色和强弱项等信息。通过面试,雇主从候选人处取得了很多来自其本人的信息,包括工作经历和职业成就等,但仍有必要通过第三方对重点信息进行核实确认。通常情况下,背景调查由雇主企业委托猎头顾问去处理。在某些成熟市场,这项工作也可能通过第三方代理,比如雇主方的代理律师。

鉴于高管招聘中背景调查报告的重要性,猎头顾问通常需要与多个采访对象进行详细访谈,通常包括五名以上的受访者。猎头顾问从受访者那里寻找关于候选人的若干详尽信息,涉及的问题包括但不限于:核实候选人的工作履历、入职和离职时间、离职原因、前任雇主对候选人工作表现的评价、候选人所管理团队和业务规模、在企业架构中的级别和汇报关系、主要业绩和优缺点,等等。所以,背景调查所涵盖的信息非常多。最后的调查报告经猎头顾问汇总后会提交雇主方。

猎头顾问调研的对象通常是和候选人的工作有直接关系的人士，比如前雇主企业的上级或直接业务主管、人力资源部门要员，有时也包括候选人前雇主其他相关业务部门的平级员工或主管。总之，这些受访者通常对候选人在企业的表现比较熟悉，能够提供相对公正的评价。猎头顾问如此做的目的是通过背景调查报告，全方位地核实和展现候选人在企业的工作表现，为未来雇主提供关于候选人领导力的佐证。

至于受访者名单，有时是猎头顾问自行拟定，有时也可能请候选人提供受访者名单。比如，根据候选人自身的工作经历，提供一份曾与之有过密切合作的原雇主企业高管名单，包括这些人的职务、与候选人的工作关系，在工作中有互动的时间等。

这可能涉及候选人保密的敏感性问题。因为在进行背景调查时，候选人可能尚未提出离职，或者仍在和雇主进行薪酬谈判，还没有签署合同。所以，背景调查有一定敏感性，毕竟存在背景调查后因某种原因导致候选人没能获得雇主的工作机会的可能性。有调查数据显示，在北美市场，有将近三成的候选人在背景调查后被雇主放弃。所以，这个操作环节还是有相当的敏感性。

对猎头顾问来说，操作背景调查同样需要谨慎。候选人经常在该环节倍感压力，如果最终跳槽不成却闹得满城风雨，这对候选人来说会面临很多麻烦和风险。因此，在进行背景调查时，猎头顾问力求保持专业，尽量保护候选人的隐私。有时猎头顾问会请候选人和受访者事先进行沟通，让他们知道自己将会受到猎头顾问的采访，并预留充足的时间接受访问。

高管的背景调查跟其他层级的背调不同，猎头顾问需要了解的信息比较多，一份完整的背景调查报告可能长达数十页，报告中涵盖的信息点非常多。如果接受采访的对象对候选人的职业状况并不了解，仅仅因为和候选人关系较好而被选为调查对象，那么这对候选人来说其实是不利的，因为受访者可能会对候选人过度偏袒，其观点和评价或缺乏客观性，导致信息质量很差，最终会降低候选人的可信度。

有些候选人担心受访者可能提供对自己不利的信息，不希望猎头顾问和某些知情人接触，而猎头顾问的客户方是雇主企业，所以从客户服务和法律层面讲，背景调查报告必须真实可信。一般来说，猎头顾问会尽量客观地记录候选人在前雇主企业的工作情况，发掘任何有价值的相关信息。

高管招聘过程中，调查报告需要多位人选参与受访，这样猎头顾问能从与不同受访者的谈话中，归纳并总结出共性。比如，不同受访者对候选人在管理风格上是否有类似的观察。寻求一致性是背景调查环节的重要原则。某些情况下，受访者会对候选人赞誉有加，然而他们所描述的优势和佐证却缺乏相关性，这表示需要对候选人的职场经历做进一步调研，否则若将那样一份背景调查报告提交给客户，很可能会引发雇主企业对候选人可信度的质疑。

好的背景调查必须反映事实。其实，候选人大可不必担心有受访者会谈到自己在工作中存在的问题或弱项，这些都是无法回避的。没有完美的员工和管理者，受访者认为候选人在职业方面有需改进的地方很正常，除非某些严重情况，否则不会影响雇主的决策。

另外，被采访者有法律义务如实提供信息。在成熟的市场，因在背景调查中提供虚假或者不实的信息，最终导致法律纠纷的情况越来越

159

多，因此很多受访者在接受背景调查采访时都很慎重，不会随意提供对候选人不利的信息，同样也不会贸然夸大候选人的工作表现。

国内属于新兴市场，有些职场人士在这方面尚且欠缺专业意识，在提供佐证时可能比较草率，但以我的观察，大多数职场高管还是相当专业和谨慎的。候选人只要对自己有信心，提供的受访者对自己的业务表现有充分的了解，这就够了。背景调查的受访者通常包括人力资源部门的主管，一般来说，他们对这些调查比较熟悉并且有经验，能够如实、客观地提供候选人的职业表现反馈。

在某些特殊情况下，雇主内部的人事部门会根据候选人提供的名单，与受访者取得联系并做调查采访，直接听取意见反馈。不过，较普遍的做法仍然是由猎头公司来进行调查。

由第三方进行的背景调查通常会侧重于某些具体信息的核实，比如候选人的无犯罪记录、学历证明或特殊资质证明等，有时企业还会调查候选人的信用记录。特别是对上市公司来说，如果高管入职后被披露有犯罪记录或个人征信问题，可能会给企业造成极其不利的影响，尤其是总裁或高级别岗位。

***

托妮问："那些接受背景调查采访的人要做什么准备吗？"

我回答："这个问题很好。刚才我也谈到了，有些候选人在进行背景调查时比较担心，怕受访者讲些不利于自己的信息，继而影响自己的候选人地位。这种担心其实大可不必。因为企业决定进行背景调查时，已经对候选人进行过多轮面试，也跟猎头顾问进行过反复沟通，从多方面形成了对候选人的初步判断。"

＊＊＊

背景调查主要反映候选人过往的企业经历，雇主通常把这些作为参考信息，除非背景调查报告揭示了严重的问题，向雇主发出了警示信号，否则完全不会影响雇主企业的最终决策。例如，雇主发现候选人存在职业操守问题，或者其离职是出于某种值得警惕的原因，或者该候选人在原企业存在违规违法行为，如性骚扰或受贿行为，对雇主方来说这些都意味着亮起了红灯。

另外，雇主非常警惕和介意的是候选人在职业经历中存在造假行为，比如学历造假，或者候选人没有如实披露离职原因，等等。如果因工作表现而遭到解雇但没有如实告知，这种情况如果候选人的表述与前雇主的人力资源部门提供的反馈不符，极有可能对候选人造成不利影响。对受访者的采访完成后，猎头顾问会整理所收集的信息，经过分析编辑后形成完整的调查报告并呈交给客户方。出于法律方面的考虑，猎头顾问提供的最终背景调查报告未必会逐句标出每名受访者的反馈，而是会分门别类地去整合，这其实也是对受访者的一种保护。

如前所述，任何一位雇主在为候选人提供工作前，都会反复衡量候选人的优劣势，很少有雇主会试图寻找完美无缺的候选人，所以真实的背景调查报告一定会包括对候选人进行客观分析的评价。

当猎头顾问被候选人要求不要考虑某人作为受访者时，猎头顾问可能产生疑虑。我很少见到优秀候选人会有这方面的担心，猎头顾问可能反而想了解这两者之间存在什么问题。

优质的背景调查，会帮助雇主确认聘请候选人的意愿。从背景调查的整个过程可以看到候选人从职业早期到当下的发展成熟度，以及其经历过的变化和成长，这真实地反映出候选人的学习能力。这可能并不完美，但非常真实，所以它能帮助雇主增强聘用信心。这有点类似拼图游戏——所有碎片整合后构成了完整画面。雇主想要看的是全景，并非某个局部画面。

***

托妮问："背景调查结束后，候选人能否向猎头要一份附件作为参考？"

我回答："这个问题很有趣，从来没有候选人这样问过我。背景调查报告作为提供给雇主方的重要文件，是不能够分享给候选人的。因为其中有利益冲突，另外文件涉及敏感或保密信息，甚至有可能造成法律纠纷。而且，文件里还有很多个人信息，包括受访者的姓名和联系方式等内容，参与背景调查的受访者不一定全都是由候选人提供的，也有可能是猎头顾问自己搜寻的。"

和托妮聊完猎头的话题后，我去找老韦讨论岗位文件的事，他已经看完了草稿，并做了许多修改。文件密密麻麻地添加了许多内容，篇幅从两页纸变成了七八页纸。我建议老韦删减一些内容，原因是我认为岗位描述只需要陈述这项工作的核心内容即可，不必事无巨细地罗列在文件里，但老韦不同意，他认为候选人对工作岗位的职责有知情权。见他很坚持自己的想法，我便不再说了。

第 10 章　别慌，背景调查有门道

> **猎头说**

- 高管招聘最终阶段的另一项重要工作是背景调查。
- 没有完整的背景调查报告，企业不会做出最终决定。
- 背景调查可由雇主企业委托猎头顾问进行，也可通过第三方代理，比如雇主方交由律师进行。
- 背景调查所涵盖的信息很多，报告经猎头顾问汇总后提交给客户方。
- 背景调查的对象应该对候选人在企业的表现比较熟悉，能提供公正的评价。
- 候选人不必担心暴露问题或弱点，除非属于严重情况，通常不会影响雇主的决定。
- 在背景调查中提供虚假信息或不实信息而导致法律纠纷的情况越来越多。
- 背景调查报告作为提供给雇主方的重要文件，不会提供给候选人。

第 11 章
有经验的面试者是如何做的

早上托妮和老韦下山采购。我没听到早餐钟鸣，所以睡过头了。住在岭的这段时间，我的睡眠质量好了许多，大概和山里的新鲜空气有关。起床后我自己去剧场做早餐，一个人吃饭可以很简单，我烤了两片吐司，从咖啡壶里倒了一杯黑咖啡——咖啡是新鲜的，不用说肯定是托妮刚煮好的。

隐修林只剩下我和两条狗。虽然老韦事先没有交代，但我想了想还是决定留在剧场，以便接待临时造访的来客。

不久，我听到外面有汽车声，走出剧场正看到托妮和老韦从车上把东西搬下车，他们身后还跟着一位壮实的高个棕发男子。宫本和亚历山大看起来和来客认识，摇着尾巴迎了上去。老韦介绍说他叫司徒，是斯夸密什一座古老修道院的驻场维修工，这次利用周末到山上帮忙。我和司徒打过招呼后便离开剧场，带着宫本去散步了。不得不说，我和宫本的关系现在相当不错，甚至我跟它说汉语它似乎都能听懂了。

走了一段路之后，我听到了引擎声，几分钟后一辆白色雷克萨斯越野车朝路亭驶来，车子停在枫亭旁，车窗摇下，一位银发华裔女性和蔼地跟我打招呼。她中文说得很好，略带些粤语口音，她自我介绍说是邹太，这时宫本恰好回来，它对邹太很热情，我便搭她的车回到隐修林。

到隐修林后，邹太把车停在剧场门口，托妮出来迎接，和她热情拥抱，不用说她们彼此很熟悉了。

帮邹太把行李箱放到房间后，我回到清水剧场，和托妮收拾食材和生活用品，主要是烹调用的食用油、调味料和清洁用品。隐修林每天需要完成的工作其实大多都是这些日常事务。现在是淡季，中心没有其他住客。即使这样，每天要完成的各项工作都已经排满了，不难想象到了旺季工作量会有多大。我在这里见到的几名义工，包括托妮、老韦父子和司徒，他们看起来都很适应，甚至很喜欢这种单调且重复的工作。邹太带来的那些电影光碟似乎比美食更令托妮感到开心，她说今天是周末，晚上要放电影给大家看。我问她邹太是不是隐修林的未来经理候选人，她摇头否认，托妮说邹太这次是趁周末来山上探访，她是隐修林的财务顾问，有些关于营地的财务安排，她要和老韦当面商议。

安静的山上突然来了访客，顿时显得热闹起来，连两条狗都比平时兴奋。司徒和邹太等人都在忙碌，托妮偷偷问我想不想中午去附近的惠斯勒滑雪场转转。

那里离隐修林不太远，作为温哥华的旅游胜地之一，常年吸引来着自世界各地的大量游客。从岭前往惠斯勒需要下山后转走高速公路前往，沿途经过数座雪山和一些冰川湖。

午餐前我们到达了惠斯勒小镇，周末这里挤满了游客和滑雪爱好者，其中不乏亚洲面孔，既有日韩游客，也有不少说着普通话的中国旅客。

这里有惠斯勒和布莱克科姆两座毗邻的滑雪场，游客常年络绎不绝，据说即使夏天也有很多热衷户外运动山地车的爱好者云集于此。托妮和我在小镇上东游西逛，在人群中穿行，还要不时留神脚下泥泞的融雪。可即便如此，我的鞋还是很快被雪水浸透，又湿又冷。因为接近午餐时间，小镇上的所有餐厅几乎都挤满了食客。幸亏托妮对这里熟悉，我们在一家背街的寿司店里终于找到了座位。

"惠斯勒真是个无聊透顶的地方。"等餐时托妮望着窗外摇头叹息着说。"很热闹啊！"我没明白她话里的意思。我喝着红酒，看着街上熙熙攘攘的人群。虽然距离隐修林只隔了几座山，但是这里看起来恍如隔世，让我有种重回尘世的感觉，那些挤满街道的游客，连锁餐饮店和品牌零售店，让这里看起来和各地现代化的闹市没有什么不同。我发现我并不怀念喧闹的城市生活。

侍者把午餐摆在桌上。托妮要了加州手卷和色拉，我点了份寿司套餐。"托妮，今天我们接着聊聊面试的话题吧？"我说道。托妮点头，并开始记录。

***

面试是招聘流程中最核心的部分。在面试机会出现之前，候选人跟猎头顾问和猎头公司建立并维持关系，评估猎头顾问推荐的市场机会，面试算是真正进入招聘的核心部分。就像演员前期不断研究剧本、分析角色，现在该上台表演了。

如果是高管招聘项目，演员最终上台前还剩下最后一些工作需要完成。跟初级岗位招聘相比，高管招聘的面试无论从次数还是面试时长，还是面试前候选人需要完成的准备工作都有所不同。在高管招聘中，候选人的核心要务是尽力做好准备工作——从雇主企业的招聘信息到面试者的个人背景信息，以及面试时的着装，等等。

这些需要准备的内容有些可以请猎头顾问帮忙，比如面试者的姓名、头衔和机构层级，他们的工作经历和职场背景，以及应聘岗位的背景信息，等等。如果面试中候选人能自如运用所了解到的信息，比如说你可以引用对方企业上一年度的业绩、网点数量、分销策略等数据和信息，清楚他们正面临的挑战，那么对方企业会更容易对候选人产生信任感，因为候选人显然是有备而来的，体现了其专业性和对面试者的尊重。

另外，我建议参加面试时要打印并携带一些必要资料，比如应聘岗位的工作职责和对方的背景信息，必要时可在面试中加以参考。

除此之外，高管在面试前应该有个要点清单，罗列出希望在面试中涵盖的信息点。事先准备好要表述的信息很重要，因为它能确保面试者在整个面试过程中能顺利地完成计划内要沟通的内容。

这大概有点类似国家间的外交谈判，外交官在会面时会有己方需要阐述的信息，无论对方如何质疑、施压、挑衅，或者试图把谈话拉到其他角度和立场，外交官始终要保持准确、完整地表达己方信息，不受对方的干扰和影响，以免谈话脱离预定轨道。

然而，在我所了解的面试操作中，我发现很少有候选人能这样做。在很多场面试中，候选人的操作仅限于被动应对：他们根据面试者的问题考虑如何回答。尽管有时回答得很好，但无法保证面试结束时，他们能完整地表述自己的信息要点。

***

托妮评论道："所以既要回答面试问题，还要推销自己。"

我回答道："是的。候选人表述自己的信息要点并不需要等面试者结束提问后再开始陈述，而是在回答对方问题的过程中完成。把主要信息点融合在答复中，这是面试的关键。根据面试者所提问题的相关性，有技巧地把自己的信息要点结合在答复中。"

***

这是可以通过练习掌握的一种面试技巧。这种面试是对话，而非问答。

在职场初期，候选人可能尚不习惯这种面试方式，但是在高管招聘中，这种有效驾驭谈话，或者说控场的能力是必备的。这种控场能力需要通过练习获得，但并不仅限于招聘面试，在任何谈话中，这都是有效沟通和留下良好印象的基本方式。

控场绝对不是忽视倾听、只顾表达，不给对方提问的机会的自说自话，而是尊重对方，仔细倾听对方的观点和问题，不管对方的问题是施压、失焦、挑战、质疑，还是试图把你拖入他的逻辑中，始终不受问题和提问方式的影响，完整表述自己需要表达的信息。

面试中，有经验的面试者会有意变换问题的角度和提问方式，以测试候选人的匹配度。某些情况下，当一个问题没有得到满意答复时，面试者会继续发问，甚至会尝试从不同的问题角度去核实候选人的答复；有时面试者也会通过故意施压来观察候选人的反应。

如果应聘跨国企业的岗位，候选人需要在面试前着重了解雇主企业的业务现状。如果是面试跨国企业的某地区分公司职位，对企业总部和分公司的信息都要有所了解，因为这两者之间未必保持一致。比如某家总部在英国的企业，在当地市场历史悠久，业绩出色，但在具体地区的分公司却未必如此。有时则相反，分公司在某当地市场业务领先，但在全球或总部市场却乏善可陈。通常这些背景信息可以通过猎头顾问获得，但是通过猎头取得的信息未必详细和完整。这里有各种原因，包括有些猎头顾问并非企业管理背景，无法准确地从企业高管的角度审视企业经营，候选人应主动挖掘相关信息。

面试结束前，面试官通常会询问候选人是否有需要他们回答的问题。这是进一步了解该岗位的好时机，候选人可以抓住时机了解雇主企业，以及未来主管等信息，也可以作为补充己方观点的最后机会。但很不幸，在很多面试中，我看到候选人主动放弃了这个机会，或者选择提些无关紧要的问题，也有人提出的问题在雇主企业和猎头顾问提供的岗位信息里都已经涵盖，这不仅会让候选人看起来对面试缺乏足够的准备，有时甚至导致雇主企业迁怒猎头顾问，质疑猎头顾问的工作没做到位。本来这是展示候选人的好机会，因为候选人所有的回答，包括提问，都是展示其个性、管理经验和专业性的时机。此时问题的质量直接反映了提问者的水准和经验。

另外，面试中建议多采用讲故事的形式。面试官通常会为一个岗位的招聘进行多轮面试，要见多位候选人；加上面试官日程安排繁杂，很难确保面试结束一段时间后，面试官仍然对候选人保有清晰的印象。这时故事的作用就凸显出来了，不仅能够增强面试官对候选人的记忆，还能加深对候选人的印象。

在大部分面试中，受众对故事更容易留下印象。举例来说，如果候选人被要求阐述在领导销售业务方面的成就时，如果候选人的回答是，从 X 年到 Y 年间让销售业绩增长了多少百分比，这种枯燥的答案通常难以令人留下深刻印象。如果通过一个鲜活的故事来表达同样的信息，效果会完全不同。这需要候选人提前准备，而且不应该占用过多面试时间，导致其他信息没有机会表述。好故事不必长篇大论，有时一个简短的小故事就有画龙点睛之效。

关于面试还有几个要点，比如面试时要注意时间的把握。面试开始前，候选人应该先通过猎头顾问，或者现场询问面试官面试的时间。这很重要，如果不知道面试时间，很可能候选人尚未充分展开话题，面试就已结束。这种情况屡见不鲜，非常令人遗憾。很多高管的职场经验都在十年以上，想充分涵盖这些经历至少需要几个小时，候选人如何组织重点信息非常关键。

面试前候选人不但对岗位需求应该有所了解，面试时也需要准备一个讨论框架。重点信息需要事先预演，包括与猎头顾问的面试练习。即便如此，实际面试时仍会有各种变数。候选人可能和猎头顾问在预演面试时讨论了两个小时，但和雇主面试可能只有 45 分钟。所以，在面试开场前，请先核实面试时间。如果时间较短，候选人需要进行谈话要点取舍：哪些是必须陈述的，哪些是可以放弃的。

这是动态把握对话流程的技能。这需要对话者在精神高度集中的情况下展开对谈，候选人需要清晰地知道讨论进程和互动形式，适时表述在面试前事先准备好的信息要点，并做到在面谈结束时，确保事先准备的要点信息都被充分表达。面试结束后，面试者得出何种结论是候选人无法控制的，但候选人可以控制的是把需要传递的信息完整表述清楚。

另外，面试是一个互动的过程，也是一个动态的过程，候选人需要清楚地了解面试过程中对谈的情势，以及面试者的心态变化。这需要候选人有足够的情商，尤其要有察言观色的能力。我发现有的候选人在面试中陶醉于滔滔不绝地谈论自己。诚然，那些事情对他来说显然很重要，但完全没有注意到面试官的身体语言和表情已经准备转入下一个话题。候选人要有能力察觉面试中的各种信号，随时调整谈话的内容和方向，绝不能只顾自说自话。

情商高的候选人可以和面试者核实，问某个话题是否需要展开讨论，或者问对方对该话题是否有其他需要了解的方面。候选人可以选择主动控制对谈进程，而不是完全被动地应对。有时面试之后雇主会对候选人给出令猎头顾问极其惊讶的反馈。这种情况多半是在面试时出了问题。

猎头顾问和候选人的面试气氛可能更为平和、宽松，对方的心态也比较放松，所以能够充分展示自己的经历和能力；而雇主方的面试就更有压力了，如果候选人没准备好，或者面试中缺乏灵活调整的能力，面试结果可能低于预期。

有趣的是，一位普通大学毕业生在20多岁时，所经历的面试数量很可能远多过一位高管；而很多事业有成的高管，在换工作前已经疏于面试多年，其面试技巧和应变能力反而需要打磨。

有些人的职场成就令他们在面试中可能会缺乏有效的应对，比如，作为高层领导的候选人在面试过程中，面对面试者刻意制造的压力，可能会觉得自尊受到挑战而感觉不适。

坦白说，根据我的观察，超过半数的候选人没有在面试中展现出自己的真正实力。虽然他们中有不少人最后还是赢得了岗位机会，但是在面试中他们完全可以做到更好。造成这种情况的原因有很多，其中一个重要原因便是文化原因，国人的性格普遍含蓄内敛，很多国内的本土高管不太善于讲述自己的故事，也不习惯主动展示自己的成就。另外，当他们陈述一个案例作为佐证时经常缺乏侧重点，这让他们的成就听起来十分单调乏味。

比如，面试者提问候选人在管理团队方面的经验，很多人的回答方式是告知对方自己团队的规模等枯燥的数据。那么是否有更好的回答方式呢？当然有。候选人完全可以通过一个生动的案例，全面展示自己的管理经验。要深入理解对方的问题：这个问题是想了解管理团队的规模人数，还是期待探寻候选人作为管理者的领导力？根据面试官所提问题的角度进行判断，继而组织答案，展示自己的职业成就和管理能力。

我们曾说过，优秀猎头顾问的作用之一就是帮候选人进行预演。猎头顾问不是雇主方的面试者，但他可以围绕应聘岗位展开面试预演，模拟雇主角度进行面试练习。然而，高管面试通常有多轮面试，候选人需要和雇主企业里的多位面试者进行讨论，猎头顾问无法模拟每一位面试者，最终面试的有效达成还是要基于候选人的面试经验、谈话掌控能力、情商、观察力和表述能力等方面的个人素质，这是候选人综合能力的展示。有些人会通过面试获得加分，也有人在该环节中被减分，不但没有展示能力，反而失去了机会。

＊＊＊

托妮问："有没有这种情况，因为面试者的日程安排变化，面试仅仅给了候选人很短的时间？"

我回答道："这种情况的确有，如果因为雇主方的临时情况而导致面试时间被大幅压缩，通常雇主方会安排第二轮面试。但必须提醒的是，虽然这种临时意外对候选人并不公平，但候选人如果在有限的时间内没有给对方留下好印象，或者表现不佳，对方很可能决定终止进一步讨论。"

***

实际上，如果雇主方对候选人感兴趣，候选人在面试中的表现令人印象深刻，很多时候面试官会打破时间约束，延长讨论时间。实际面试时间超出预定时间的情况时有发生，通常猎头顾问会认为这是一个好的征兆，这说明雇主对候选人的表现感兴趣。

另一种相反的情况是，实际面试时间因为讨论效果不佳而比预定时间缩短，甚至草草收场。这种情况不必等雇主方面反馈，猎头顾问便知道这位候选人胜出的希望渺茫。

托妮又问："高管招聘中，会不会有多位面试者一起参与面试的情况呢？"

我回答："那是联合面试，这种情况在高管招聘实践中比较少见。个别情况下，雇主方的 CEO 可能会邀请人力资源部门的领导参与讨论，不过大部分情况下都是一对一的讨论。"

***

另外，值得一提的是视频面试。现在很多企业愿意采用视频面试的方式考察候选人，他们把真人面试安排在招聘流程的最后阶段。视频面试对候选人是个不小的挑战：即便面试能力出色的候选人也可能会受影响，而面试技巧不佳的候选人则在视频面试时更容易失分。

不管是 zoom 还是其他视频面试方式，候选人除了之前讨论的准备事项外，还需要在面试前调试设备，掌握视频讨论的基本常识，包括目光应该看向屏幕何处、自己和镜头的距离位置、房间的光线，等等。不止一次，我在视频面试里仅能看到候选人的半张脸，或者因为光线不足而无法看清其面貌。任何候选人都不希望给面试官留下如此糟糕的第一印象。

如果候选人在家中参加面试，就要准备一个不受打扰的时间和环境，避免面试中受到家人、宠物和附近交通噪声的干扰。这些干扰都会令候选人的职业性受到质疑，让面试质量大打折扣。

另一个关于面试的提醒，是候选人应当尽量在面试中展现个性。首先，候选人需要给面试官留下深刻的印象，而不仅仅是让对方记住名字。对面试官来说，名字是很容易遗忘的，也无法和具体的个人信息绑定。通常人们很容易因为某个故事而记住某人。

学会讲故事，用个性化的展示方式表述自己，在面试中让对方了解自己。面试者越了解候选人，就越容易判断岗位的匹配度。面试者对雇主企业和岗位的了解远多于候选人，如果他们有充足的信息点加以判断，那就意味着候选人进入企业后获得成功的概率越大。

所以，尽量真实地展现自我。很多人因为恐惧和习惯而下意识地希望掩饰自己的本色，他们力求做到中规中矩，忘记或不愿展现真实的自我，结果在面试中言辞含糊，最终"泯然众人矣"。当然，所谓的展现自我，并非肆意妄为，尺度的拿捏也很重要。

当然，想要完成这些并非易事，需要不断磨炼。如何在面试的有限时间里回答对方的问题，包括刁钻的问题，理解对方问题的真实意图，继而确定答复方式，同时还要充分表达自己的要点信息。所以，面试的确是门学问，面试能力需要通过练习获得。如果没有充足的准备和反复的演练，很少有人能在面试中出彩。

面试时还要注意的是，候选人不一定要表现出对此次机会的渴望，但一定要表现出对应聘岗位的真诚和兴趣，其中有很多技巧，比如当候选人与雇主进行第二轮面试时，可以引用首轮面试中面试者陈述的信息，这会令面试官知晓候选人在面试过程中的确在认真倾听。候选人可以告诉面试官，自己在面试前做了哪些准备工作，包括对雇主企业现状的田野调查等，这些都能展现候选人对岗位的真实兴趣。

需要提醒的是，尽管候选人在面试前需要做诸多准备和预演，但是无论如何，请避免一个错误理解：这一切准备工作的最终目的，并非要候选人在面试中扮演一个虚假角色，假扮一位合格的候选人。那些持这种观点的候选人搞错了，因为很少有人能蒙蔽面试官，成功地扮演一个非真实的自我。找工作不是演员试镜，而是要真实展现自己和岗位机会的匹配度，最好保持真诚，展示本色。这将使面试官有机会客观评估候选人，包括评价候选人与雇主企业文化的匹配度。

面试需要候选人有极高的倾听能力。这是一项无比重要的能力，也是经常被忽视的能力。很多时候，由于面试官性格和提问方式的不同，会让一个问题听起来似乎无足轻重，但候选人必须有能力听出其真实意图。这很微妙。面试者经常提一些看似宽泛的问题，比如对方会请候选人用几分钟介绍自己。这种问题听起来没什么难度，但回答起来却并不容易，极易造成候选人在面试官面前丢分，导致面试开局不顺。

而当同一个问题被不同面试官提出时，总有独特之处。如果提问的面试官是候选人未来的同僚，他可能更多地希望听到候选人未来会如何跟同事合作，是否具有团队意识，会对自己产生何种影响；但同样的问题，如果来自人力资源部门，则可能是另一个角度了。所以，问题虽然相同，但候选人仍然要根据具体情况做调整。

***

托妮问："你说保持真诚，候选人该如何谈论自己的缺点呢？"

我回答："要记得面试官不是白痴。高管招聘中能参与面试的面试官大多数是职场经验丰富的职场精英。当候选人试图把自己的弱点包装成优点时，很难保证不会被面试官发现。

其实，相比期待完美的候选人，雇主方的面试官通常更想知道候选人是否有自省能力。人无完人，但如果候选人缺乏自省能力，没有自知之明，那才是真正的风险。当面试官询问候选人如何看待自己的弱项，而得到的回答却是我没有明显弱项，这听起来就像自大狂的妄言。

***

托妮问："面试官是否会关注候选人的挫折经历？"

我回答："一定会的。这种问题经常出现。回答的原则还是尽量从真诚的角度出发，如果候选人已经充分展示了自己的能力和性格，分享一些自身的弱项未必会有什么损害。比如，候选人可以分享职业早期曾经犯过的错误，以及错误发生后自己是如何总结经验教训的。很多时候，与其说是面试官想知道候选人犯过的错误，不如说是面试官试图了解候选人的学习能力。"

在面试中经常会遇到的一个常见问题就是离职原因，即你离开前任雇主企业的原因。对这个问题的回答要谨慎，此时若逞口舌之快，痛贬前任主管，只能适得其反。因为未来主管可能会认为候选人的情商低，不易相处。总而言之，尽量从客观角度去解释，避免情绪化表达。如果确实是因为和以往的主管意见相左而离职，也可以采用不同的角度去沟通，切忌言语中伤甚至人身攻击。我就经常看到有候选人在回答这个问题时抨击前任主管，这样做很不明智。

高管面试中有时会讨论到薪酬待遇。此时候选人也要非常谨慎，开始的几轮面试中，候选人要避免过早讨论这个话题，更要避免主动提及这个话题。当然，薪酬待遇非常关键，但如果言之过早，可能会让对方对你应聘的诚意和动机产生疑问。如果对方询问你的薪酬预期，你可以避免详细回答；可以直接告知面试官，当下你最想认真了解的是企业的经营信息和职位的工作机会。至于薪酬，稍后讨论不迟。候选人要把讨论的重点聚焦在职位上，以及你会为该职位带来怎样的价值。

最后要提醒的一点是面试后续跟进，不要面试结束后便销声匿迹。完成面试后，可能的话跟雇主方的招聘负责人保持沟通，可以通过电子邮件、电话、社交媒体留言等方式向对方表示感谢。面试结束前，要向对方表示感谢。

***

托妮又问："候选人可以询问下一步的安排吗？"

我回答道："如果候选人对岗位机会的确有兴趣，需要清楚地告知对方，并积极询问下一步的安排。候选人应该主动跟进项目进程。当然，如果面试后候选人对工作机会丧失了兴趣，更需要尽快通知猎头顾问，表达对雇主企业和猎头顾问的感谢和尊重。但是，这种情况较少发生，因为通常情况下如果高管已经进入短名单，大多数情况他们已经对职位有了较为充分的了解，也有足够的兴趣。所以，除非面试中发生了一些令人担心的意外，否则就不需要进一步跟进。"

托妮再问："但有可能是候选人的现雇主听到他准备离职，决定挽留呢？"

我回答："对，有这个可能。但如果属于这种情况，候选人需要认真考虑如何取舍。现雇主为了挽留员工采取加薪等手段，是否真正解决了候选人决定离职的症结问题。如果促使他考虑离职的因素仍然存在，那么因雇主加薪升职选择留下就不是明智的选择。不过这是一个完全不同的话题，我们可以另找时间讨论。"

***

有些人喜欢和外部机会接触，没有确认是否感兴趣就应承面试。他们没有明确的内部离职动机，只是难以抗拒和外部保持接触的诱惑。对此，我的建议是候选人要谨慎行事，特别是在高级职位的招聘中，更应如此。有些候选人在职业早期养成了习惯，喜欢主动和外部市场保持接触。也有些猎头顾问，由于各种原因，会怂恿候选人这样做，但这对候选人来说并不是什么好事，因为每次和外部接触，都需要花时间去准备。不管兴趣是否真实，面试总需要准备，花费不少时间做一件兴趣不明的事，而且可能会因为处置不当而影响自己的声誉和前途，这种做法得不偿失。

对那些希望换行业或转部门的候选人,我的建议是如果是变化较大,不管是行业还是专业,如果候选人已经进入面试流程,那么意味着雇主方已经有意愿考虑这种变化。既然对方有诚意推进,愿意进行面对面的接触,说明他们已经有了充分的心理准备,有足够的包容度去探索候选人与职位的匹配度。

总而言之,不管在职场的哪个阶段,面试的大致原则是相通的。不管工作职务大小、职位高低,候选人都应该进行充分准备。准备得越充分,包括对自己的情况越了解,面试会谈的效率就越高,取得理想结果的可能性就越大。

另外,在职业早期,不要浪费任何面试的机会。因为你可能在大学刚毕业时经历过多次面试,此时养成的面试习惯会反映到职业后期。利用好每一次面试机会,把每次面试当成打磨能力和技巧的一次历练。哪怕面试的是一个初级岗位,也应该慎重对待。

***

我边想边说,托妮低头飞快地记录着。服务生好奇地望着我们,结账时她问我们是否在做采访,我开玩笑地说我在接受面试。

这时早已过了午饭时间,街上依然挤满了游客,据说晚上有位著名的乡村歌手会来此地开演唱会。托妮和我都不是乡村音乐的爱好者,我们决定趁着高速公路没有被车流阻塞前早早离开。托妮带着我穿街过巷,没多久便回到停车场,离开前还不忘买一打健力士黑啤——那是她最喜欢的啤酒。

猎头说

- 候选人需要在面试时做到有备而来，体现专业性和对面试者的尊重。
- 在面试前应该准备要点清单，罗列出希望在面试中涵盖的信息点。
- 控场绝不是只顾表达，而是仔细倾听对方的观点和问题。
- 如果应聘跨国企业的岗位，候选人需要在面试前了解雇主企业的业务现状。
- 面试过程中，候选人的所有回答，包括提问，都是展示其个性、管理经验和专业性的绝佳时机。
- 面试是个互动的过程，需要候选人有足够的情商，尤其是感知他人的能力，要有能力察觉面试中的信号，随时调整谈话内容和方向。
- 高管招聘通常有多轮面试，猎头顾问无法模拟每一位面试官，最终面试需要基于候选人的面试经验、谈话掌控能力、个人情商、观察力和表达能力等去有效应对。
- 没有经过充足准备和反复演习，很少有人能在面试中出彩。
- 面试后通过电子邮件或电话留言表示感谢并跟进。

第 12 章
毁约的代价

邹太周末来隐修林主要是为了和老韦讨论隐修林的茶室修建计划，从他们的谈话里听得出来，这个项目他们已经筹划很久了，看起来终于筹足了启动资金。他们花了不少时间勘察场地，在老韦办公室里一次次地讨论。老韦周末没有给我布置工作，我就跑去看司徒修补屋顶，看有什么需要帮忙的。

司徒显然对这项工作驾轻就熟，昨天他已经把需要的材料和工具都准备好了，我来到车库时，他早就开始在屋顶上工作了。司徒系着保险绳站在倾斜的屋顶上，屋顶覆盖的雪松、瓦片其实有很多细密的青苔，不凑近看根本发现不了，万一滑倒跌落，后果是很严重的。

不过我的担心显然是多余的。身材高大的司徒脚蹬防滑靴，腰后挂着工具袋，在屋顶上如履平地，看起来自信而轻松。他已经找到了漏水的裂缝，修补了瓦片下的木衬板后，还更换了新的松木瓦片。我仰头看着他熟练且专注的工作，那种状态让人颇为羡慕。后来听邹太说，当初剧场刚修建的时候，司徒可是出了不少力。对他来说，盖房修屋是家常便饭。

老韦和邹太开完会来找司徒，他请司徒帮忙检查剧场厨房的几处下

第 12 章 毁约的代价

水管道，前段时间老韦发现地板上总是有水渍，他想确认是不是管道破了，看需不需要更换管道。在当地处理这些问题需要有水工执照的专业工人，有些项目还需要事先购买保险的公司才能承接服务。

司徒不但是个木工好手，也是持牌水工，还考了煤气牌照。我觉得他正是隐修林下一任经理的合适人选。当然，就像岗位描述书里所要求的，隐修林经理不仅需要有一定的动手能力和维修技能，更重要的是管理和运营方面的能力。

我的职业旧习复发，中午帮老韦准备午餐时，我问他是否会考虑司徒作为潜在的营地经理候选人。他摇头否认，老韦说司徒虽然维修技能全面，能耐得住寂寞，而且熟悉隐修林，但他不善于也不喜欢跟人打交道，经理岗位不适合他。

我开玩笑地向他建议考虑托妮，老韦答道："托妮其实很合适，她善于学习，为人热情，沟通能力很好，但她不想在山上久居，只是到这儿做短期义工，或许将来某一天会离开这里吧。"老韦擦拭着灶台对我说："其实我觉得你倒是很适合这个工作。"我摇头说："我完全没有维修技能和动手能力，遇到问题只能花钱请人解决。"老韦回答说："可以找个维修工配合你，不难找，营地经理需要有计划能力、应变能力和沟通能力，我感觉你在这些方面都挺擅长的。"

开始我以为老韦只是开玩笑，可是他看起来很认真。我心里闪过一个大胆的念头：既然我正考虑未来的打算，索性抓住这个机会搬来这里，彻底换个活法！

不过我马上否决了这个诱人但过于疯狂的想法。

老韦为午餐准备了拿手的雨岸三明治，我们一起在剧场吃饭聊天。

托妮没有加入我们,她在房间里修改剧本。吃过午饭,老韦到他心爱的车库里摆弄木工活,我则留在剧场,坐在长沙发上看书。

我正在胡思乱想,托妮吹着口哨从剧场外经过,双手插兜,脚步轻快,宫本跟在她身边。我正好刚把邹太带来的那些书上架完毕,就走出剧场和她打招呼。托妮说她刚修改完剧本,打算带宫本出门散步,她邀我加入。

我们边走边聊,路上我告诉托妮,我和老韦关于隐修林经理后续人选的讨论以及老韦的看法,托妮说她很同意老韦的观点,她同样认为我是个挺不错的人选,除了有一点——托妮说这个工作要有极大的耐心,她说自己可没有这个耐心;我的情况她不了解,但她认为这是合适候选人必备的素质。

我仔细想了想,觉得这方面我还行:作为服务行业,猎头顾问不但工作压力大,而且也要求细致耐心。但我并没有对托妮做过多解释,既然我没有真正考虑过这份工作,也就没必要过多地讨论了。

一路上托妮一直在拍照,她仔细看着刚拍的风景照,看起来很满意。她收起手机,要求我再讲一些关于猎头的事情,她说我这几天告诉她的内容很有帮助。想到她刚才对沟通的描述,我不确定带给她启发的究竟是我所讲的内容,还是内容之外的东西。不管怎么说,既然她想听,我也乐意多讲一些。于是我就从"毁约"这个话题开始讲述。

***

在高管招聘中,猎头顾问最不想碰到的情况就是候选人毁约。我们就聊聊这个有点沉重的话题。

第 12 章 毁约的代价

在招聘行业里，猎头顾问们有时也会遭遇候选人在招聘流程中临时变卦，甚至在聘用意向书上签字，以及与雇主确认了上岗时间后，却单方面毁约的情况。在招聘行业里，这些都是出尔反尔、破坏约定的表现。

对参与招聘的三方（雇主、猎头顾问和候选人）来说，这种情况都很不幸，因为它给参与招聘的各方都带来了负面影响和冲击。招聘中这种毁约情况在全世界的市场都不少见，尤其是在基层员工招聘，以及毕业生的校园招聘的时候。毕业生就业可能会同时收到几个意向书，这种情况屡见不鲜，也给校园招聘官带来很多麻烦，甚至对有些招聘单位和大学之间的合作关系带来负面影响。

但是，毁约在高管招聘里相对较少发生，因为企业高管职业阶段的候选人的心智相对成熟，职业视野有了比较清晰的方向，判断力等方面也更加成熟，所以毁约相对少见。不过，据我观察，对于像中国这样高速发展的新兴市场来说，职业化程度和成熟度相对较弱，在高管招聘领域里，高管候选人毁约的概率并不算低。

在我从事高管招聘的多年经历中，我个人曾遭遇过几次候选人毁约。虽然次数并不算多，但是我必须得承认，在所有令猎头顾问头痛的情形里，没有任何一件事情比候选人毁约带来的挫折感更强了。

对候选人来说，毁约一定要再三考虑后的慎重决定。候选人必须了解，这种决定将对猎头顾问和未来雇主以及招聘流程产生极大的冲击和挫败感。有些雇主企业里，甚至有员工可能因为候选人的毁约决定而受到牵连，甚至因此丢掉工作。所以，候选人必须了解毁约决定将会对他人的职业和招聘方企业带来不小的负面影响。在决定毁约前，务必慎重。

候选人在签署了聘用意向书后，如果决定毁约，作为招聘方的雇主企业会非常被动，这时企业已经付出了很大的招聘成本，比如猎头公司的费用、招聘各环节的费用，以及时间和人力资源，包括承诺的内部结构人事调整等。对企业来说，遭遇毁约的成本非常之大。

而且，如果招聘即将结束，候选人出现了毁约的情况，对招聘过程会产生深刻影响。这种突发状况对参与招聘的猎头顾问团队和雇主方人力资源团队来说都是重大打击。试想，高管招聘流程的时间长、工作量大，确认合适的候选人和最后签约，通常需要 3～6 个月时间。在这个过程中，猎头顾问团队和雇主方参与招聘项目的员工都付出了极大精力，若在最后时刻崩盘，招聘流程又要从零开始，招聘难度和参与者的挫败感可想而知。

举一个简单的例子：如果候选人在最后时刻临时变卦，决定反悔，那么猎头顾问团队被迫要与招聘流程中筛选出的候选人重新联系，试图从中寻找替代者。而那些候选人再次接到猎头顾问电话来讨论同一个职位机会时，他们很可能会对猎头顾问与招聘项目产生各种质疑。猎头顾问不可能跟每位候选人解释背后的原因，告诉他们之前的候选人在签约后出现了毁约，但重启招聘项目在市场上所产生的猜测将对猎头顾问的行业口碑带来负面影响。

同时，这种决定对雇主同样会产生负面作用：一个职位在招聘后接触了诸多市场上的潜在人选，数月后风平浪静，大家本以为招聘已经结束，此时却突然再次接到关于该机会的电话，那些曾经的候选人必然会对雇主企业招聘的真实性和可靠性产生怀疑。高管们很可能会议论这家企业到底出了什么问题，是否管理混乱，等等。这对雇主企业是一种很不公平的情况。他们并没有做错什么，却因他人的毁约行为导致口碑受损。雇主企业的美誉度受到的损失不能以金额衡量，对企业可能产生长期负面影响。毁约对候选人同样危险。

首先，毁约对候选人的个人诚信和专业声誉必然带来直接的负面影响，而且毁约会导致候选人在未来雇主方那里声誉受损。

不管候选人提供的理由是否合理，比如家人突发重大疾病或工作地点和性质发生了变化，这些原因即便合理合情，仍然无法避免会对候选人产生负面影响，包括影响候选人和猎头顾问的关系。当毁约发生后，大多数情况下，猎头顾问会与候选人分道扬镳，候选人还可能因此被猎头顾问拉入"黑名单"。更糟糕的是，高管毁约的消息有可能在猎头行业内快速传播——有时消息也可能源自遭毁约的雇主。果真如此，这对候选人未来的职业发展，包括个人品牌和业内的声誉，都会产生深远影响。

其次，当毁约发生时，猎头顾问和雇主会质疑候选人的专业性和成熟度。对高管来说，任何招聘都不是一蹴而就的事，并非一轮面试后就做出决定的招聘过程，这是一个相对长期的过程，候选人在过程中有充分机会了解雇主企业，也有充分时间做准备和调研，考虑是否接受职位，包括征询第三方意见、对比其他因素等。正因如此，当毁约突然发生，候选人的专业性和职业精神会受到很大质疑，因为它表明候选人缺乏对职业前景的判断力，不知道该如何做决定。

再次，毁约还有潜在的法律风险。如果候选人已经签署了工作合同却临时毁约，很可能要负法律责任。因此，候选人做决定前必须仔细了解所签署的合同细节，是否有相关法律条款。在我的职业生涯中就遇到过这种情况，候选人因毁约而不慎卷入与雇主方的官司，雇主选择追究到底，既然候选人选择变卦，那他们决定让候选人为此付出代价。出现这种情况非常令人遗憾。

最后，有些候选人对选择毁约是否影响自己的口碑和声誉并不在意，他们也不在乎这种决定对猎头顾问和雇主方所产生的影响。他们认为即便毁约行为传到猎头行业中，总有猎头顾问对此不在意，未来仍愿意提供机会。

这要看具体市场情况和人才需求趋势，这两者随时发生变化，即使目前需求旺盛，无人能够预料几年后的情况。不过以我之见，从长远来看，拿个人品牌和职业口碑去冒险绝非明智之举。借用一句电影台词："出来混，迟早是要还的。"

***

托妮大笑道："你说的是《无间道》里的台词吧？我喜欢那部电影。是不是有人觉得找工作容易，对毁约不在乎，市场变化后才意识到后果很严重？"

我答道："是的，其实不需要等市场变化的时候，影响就会发生。在职场生涯里，高管要动态地看待市场。很少有候选人一直是抢手的人才，知识结构、薪酬水平、个人学习能力和年龄等因素，都会影响企业高管的市场机会，他们作为人才的价值会不断随之变化。如果动态地去看职场发展，高管们会更尊重因果关系，在职业发展过程中的各种判断和决定会更加慎重。

"还有一种导致毁约发生的情况：在候选人加入雇主企业前发现了某些重要信息，比如媒体披露了雇主某种严重负面消息，或者雇主方出现了重大市场策略或机构变动。这种情况比较少见，通常在长达数月的招聘过程中，候选人有充足的时间去了解和探究企业的经营信息。在我曾经经历过的一个案例中，主流媒体报道了中国对某些具体行业做的政策调整，这个突发事件将直接影响候选人准备加入的雇主企业的所属行业，这就意味着行业将发生重大改变。候选人因此选择了退出，不过这种情况发生的概率很小。"

托妮问："要是候选人因为客观原因，比如你刚才说的家庭成员突发疾病，不得不毁约呢？"

我回答："我反复强调的是毁约需谨慎，而不是绝对不可以毁约。因为有些情况下候选人必须面对现实，做出艰难的决定。"

***

比如家庭突发变故，包括个人或家人因健康原因致其无法履约，他们只能选择退出。我所经历的多数实际情况，都是候选人因为非必要原因选择毁约，比如在加入雇主企业前产生疑虑而决定退出，属于那种本可以避免的情况。

如果候选人面对的属于客观意外事件，最好的处理方式是坦诚并尽快告知猎头顾问和雇主企业，并为因变故导致无法加入雇主方而真诚道歉。这种情况下，最好的沟通方式是通过电话或面谈，避免通过电子邮件告知对方，那样会显得过于草率，欠缺对此事的重视和对对方的尊重。

在某些情况下，雇主方可能会选择虚位以待，等候选人处理完紧急情况后上岗；或者双方保持接触，期待未来有合适机会重新讨论合作。高管能够妥善处理这种突发意外，与猎头顾问和雇主企业仍然保持良好的沟通关系非常重要。此外，如果因故无法履约，倘若高管能够主动向雇主方和猎头顾问推荐其他合适人选，也是表示诚意的举动。如果企业高管真正理解个人品牌的价值和影响，他们通常会更愿意妥善处理这种意外情况。

导致毁约的原因很多,较常见的情况是现任雇主方提供了还盘条款,或者另一家企业也提供了邀约。有些高管在考虑离职寻找外部机会时,仍然保留了毕业生找工作的习惯,同时接触多个机会,而且没有告知猎头顾问这个基本事实。当他们收到企业提供的合同后,用这份合同作为筹码和另一家企业谈判,试图取得更优厚的合同,并在谈判达成后选择与前一家谈好的公司毁约。

***

托妮问:"我打断一下,问个问题,难道候选人不能同时看不同的市场机会吗?"

我回答:"那倒不是。作为猎头顾问,我通常会在接触候选人时,向对方核实是否同时在看其他市场机会。我会建议候选人坦诚告知猎头顾问和雇主方。"

***

实际上,如果对方知道候选人也在研判其他机会,对候选人在招聘流程中的进展未必是件坏事。对于合适的人选,雇主方可能因为知道该候选人同时在接触其他机会选项,而更加积极地努力争取其加入。需要避免的是,候选人在对方不知情的情况下,利用雇主方的诚意和合同来谋求单方面利益。

导致毁约最普遍的情况是现任雇主为挽留候选人而提出了还盘条款。半数以上的候选人毁约都是这种情况。很多人都有"做生不如做熟"的心理,毕竟他们在目前企业已经工作了很长时间,对机构的内部情况早已轻车熟路。企业为了挽留候选人，通常会承诺对其职位或待遇等方面进行调整，试图满足其需求。

候选人收到现有企业的还盘条款时，可能会被对方的提议打动，产生继续留在现雇主企业的念头。这时他们需要站在现有雇主的角度考虑，为什么它会提出这些还盘条款。现有雇主提出还盘条款，对企业来说，很可能是最明智的举措。所谓明智，并不是说企业成功挽留了一位不可多得的人才，而是从招聘流程来看，雇主企业从一个被动角度变成了主动角度。

如果候选人继续留在企业中，企业将有足够的时间去缓冲，安排下一步的决策，包括是否开启该岗位的外部招聘、重新定位这个工作内容、调整内部人事安排，等等。如果在位高管突然离职，势必对企业造成较大冲击。雇主需要调动资源，填补岗位空缺，可能被迫改变工作流程和机构的组织架构，甚至可能被迫改变市场策略等。

任何CEO或人力资源总裁都会避免高管突然离职对企业造成的冲击。对企业来说，挽留人才并非唯一目的，但候选人通常会认为这是唯一的原因。他们会出于自负，仅从自身角度考虑，认为企业终于发现了自己的价值并愿意"痛改前非"。如果他们这样想，那未免太过天真了。

另外，候选人往往不了解的是，当现有雇主成功挽留提出离职的高管，这位高管的上级主管就避免了一场在企业中可能出现的个人危机。这种说法比较微妙。其实很多企业在考量部门主管的工作业绩时都会有对人员结构稳定性指标的考核，如果部门中发生重要员工流失，甚至连续流失，这会对部门主管带来负面影响。出于这个考量，有的企业主管是有意愿和动力留下员工的。一旦候选人留任后，上级主管就可以着手展开外部招聘，或者利用把候选人调离团队等各种方式，来化解员工离职对上级主管个人的影响。

最重要的一点是，候选人必须知道：如果你决意离职后又反悔留在企业中，大多数情况下令你决定离职的内因仍然存在。就算是雇主方提供了更好的岗位职称和待遇等条件，这些并不会从根本上消除当初让你决定离开的原因。大多数情况下，高管离职是经过综合考虑的，而非某种单一因素，比如薪酬。临时性的补救无法消除和彻底改变那个让他们决定离开的综合原因。

宣布离职后，因雇主还盘条款而改变主意的候选人应该知道，现雇主会对其忠诚度产生怀疑，一个决意离职的员工，多数情况下不会得到企业的信任或被委以重任。

这种担心并非空穴来风。在美国市场的相关调查显示，在离职后因还盘条款留任的员工中，60%以上的人在六个月内最终离开了雇主企业，在一年后离职的人比例更是高达80%。

猎头说

- 毁约对参与招聘的各方都是坏消息。
- 毁约决定将会给猎头顾问的职业和招聘方企业及参与人员带来负面影响。因此，做出这种决定必须慎重。
- 毁约存在潜在的法律风险。
- 毁约需谨慎，但不是绝对不可以毁约。
- 候选人因为现有雇主的还盘条款而决定留下的做法并不明智。

第 13 章
猎头的作用不限于招聘

邹太很早就从香港移民到加拿大，从聊天中我得知邹太有多年的禅修经验。趁她刚好来隐修林，我便向她请教关于打坐的方法。邹太欣然同意，吃完午饭，她带我走进剧场的多功能厅，就是建筑物后部的那个摆放着坐垫的房间。我到隐修林后来过这里，那次是和托妮一起看她在蒙古拍摄的那部纪录片的粗剪。

邹太在屋里席地而坐，轻松盘起双腿。我可做不到像她那样，只好拿了一个坐垫，勉强盘腿坐下。邹太告诉我，如果感到困难，不需要双盘，她简单地教给我一些禅修方法，并叮嘱我坚持练习。她特别提醒我，最好不要刚开始禅修就逼迫自己每天坐很长时间，最好的方式是每天多坐几次，每次时间不必太长。

我和邹太在剧场里安静地坐着，我注意到透过窗户射入屋里的光线中有无数微尘在舞动，也注意到自己心中不停升起各种念头，好像比那些微尘还多。我问邹太应该如何对付那些杂念。她告诉我，不用刻意处理那些此起彼伏的念头——既不需要压制，也不需要跟随，觉察就好。结束时，我告诉她最近看的两本书中对六道的阐述，邹太表示赞同，她说实际上智慧才是佛教最核心的部分，所有门派和法道最终都指向智慧。

我们正讨论关于禅修的话题，司徒来找邹太，他说隐修林的几处维修工作已经初步完成，后续工作要等过两周才能处理好。我注意到本地人做事情好像司徒这样，不紧不慢，严格按照流程，和我早就习惯了的高效率、高速度很不一样。司徒说他上班的教堂后门需要修理，他必须提前下山。托妮和老韦送他们离开时，我特意问了邹太的电子邮件，准备以后继续向她请教关于禅修的问题。

托妮和我回到剧场，她请我帮忙清洁清水剧场的那间多功能厅。我按照她的要求擦灰吸尘，重新布置椅子和坐垫，托妮说接下来这里会有活动安排。我们整理房间时，又开始了今天的讨论话题——猎头能为雇主创造的价值。

***

除了招聘员工，猎头顾问还能在哪些方面为雇主企业带来利益呢？因为我们已经讨论了很多猎头顾问和高管之间的互动和关系，包括当高管在经历职业变化时，当他们需要寻找职业突破和机会时，如何跟猎头顾问合作，包括顺利完成招聘，实现职业发展，等等。

在实际操作中，很多高管在职业的不同阶段可能会以不同身份与几位猎头顾问合作，甚至是同一位猎头顾问合作。有时是以候选人的身份合作，有时则是以雇主的身份合作。无论岗位差异如何，每位高管的工作总不免会涉及招聘。只要涉及招聘需求，你就需要了解招聘流程，应该学会和猎头顾问打交道，知道猎头顾问在哪些方面能创造价值。

猎头顾问的主要工作，首先是作为专业服务方来帮助企业完成招聘，包括确定招聘策略，界定标的人选样本和目标人才库，甄别候选人，筛选长名单人选进入短名单，确认最终人选，安排面试，进行背景调查，协调完成薪酬谈判等主要程序。

这是猎头顾问的主要工作，但猎头顾问的价值不限于此。如前所述，因为工作需要，优秀的高管猎头顾问通常专精于某些行业领域，比如某个顾问可能专注能源行业、金融服务、医疗行业、消费品或高科技领域。这种对某个特定行业的长期专注会为猎头顾问积累丰富的行业信息、背景资源和对行业动态的把握，这些都能为雇主提供价值。

不少企业的高管甚至 CEO 们，对自己企业的状况很了解，却未必了解整个行业，包括同行的人才状况。很多情况下，企业高管们缺少机会深入了解行业人才现状。猎头顾问恰恰可以帮助他们填补这方面的信息空缺。

首先，猎头顾问的日常工作需要和行业内的从业人员保持高频度的密切接触，他们掌握的信息，尤其是相关人力资源的信息是很丰富的，能帮助雇主较为完整地从人才角度去观察和理解本行业。

其次，猎头顾问可以提供的价值还包括与企业间的积极互动，改善企业人力资源策略。事实上，猎头顾问经常受企业邀请，与企业人力资源团队，或者 CEO 们讨论企业的人才架构，包括分析管理团队的现状。这些互动可能在企业并没有明确招聘需求时就发生了，是猎头顾问和企业间的常规互动。猎头顾问可以从外部视角为企业提供建议和反馈，帮助企业更全面地理解自身现状，包括人才方面的机会和挑战。

这种反馈可以作为有价值的外部参照，帮助企业改善经营。企业在讨论人力资源话题时通常受到的限制是，仅以本企业内部现有人员、企业文化或企业发展计划的状况为基点，欠缺外部视角和不同参照。猎头顾问恰恰可以弥补这种缺失。我会建议雇主高管，包括企业人力资源总裁们充分发挥猎头顾问的独特价值，定期与猎头顾问就人力资源和人才方面的话题进行探讨，了解企业外部发生的变化和行业情报。这些接触和探讨不仅限于企业的招聘需求。很遗憾，能够主动利用猎头顾问市场知识的雇主并不多，大部分企业仍然仅在招聘需求发生时才想到与猎头顾问联系。

再次，作为招聘方的高管，需要了解猎头企业作为招聘从业者的专业能力。实际上，在高管招聘行业，企业很少有花在猎头顾问身上的费用会被浪费掉，这些费用绝对物有所值，甚至物超所值。

招聘流程中，猎头顾问需要通过高度综合的沟通能力和说服技巧完成招聘。这种综合能力与猎头顾问作为中间人的视角相结合，对完成企业招聘非常关键。有些企业为了节约人力资源成本，过度依赖或不合理地使用内部招聘团队，包括让经验欠缺的招聘主管负责高管招聘，这往往会导致招聘过程中产生不必要的风险。

企业如果有持续的人才需求，那就要建立内部招聘团队。但高层岗位的招聘，应该考虑和专精于高管招聘的猎头顾问合作。和企业为数众多的中低层招聘需求（包括校园招聘）不同的是，高管招聘是一个完全不同的领域，从敏感性、专业性和对企业经营的潜在影响角度看，需要单独对待。对大多数企业来说，这种招聘需求属于偶发或突发的，牵扯的层面和影响比较大，有时还要保密，这些敏感性和独特性都需要企业特殊对待。

最后，高管招聘中，有时还存在企业内部招聘主管不喜欢的情况：

有些资深候选人不愿意与雇主方的招聘专员打交道，他们更倾向于通过高管猎头顾问和雇主方沟通。导致这种情况的原因很多：有些出于高管对招聘项目的敏感性和保密性的担忧，他们希望介入招聘的雇主方人员保持在绝对必要的范围内，有时甚至仅同意与雇主 CEO 见面；还有一种经常发生的情况是，资深候选人期望在招聘过程中能和雇主方对等层级的人员接触，在高管岗位的招聘中，尤其是在 C- 层级（C 级高管，组织架构中最高层级的管理岗位）人员的招聘实操中，候选人所预期的雇主方沟通代表通常是对方的人力资源部门副总裁。我见过少量案例，候选人仅同意与雇主企业的 CEO 沟通。这种情况并不多见，通常有某种背景因素，企业当然可以拒绝，但是需要根据背景原因予以考量，不建议雇主方做出情绪化判断。

高管候选人和企业内部招聘团队直接接触，还可能产生其他不利因素，很多时候，这将导致招聘过程缺乏弹性。猎头顾问作为中间媒介，可以在信息过滤和传递上有所把握，确保候选人和雇主企业双方的沟通更通畅，避免接触因非必要原因而终止，让双方的谈判和沟通保持顺畅。

当双方过快、过早直接接触，特别是雇主方通过一个相对基层的招聘主管负责高管招聘，和资深候选人进行沟通时，往往效果欠佳，甚至导致候选人退出。这是因为双方沟通上存在误解，对招聘流程预期的差异，都会导致潜在候选人过早出局。在这种情况下，猎头顾问和候选人重新接触，试图重新引导他们进入招聘流程的难度就很大了：对方一旦决定退出，通常不会再介入。对企业来说，这是完全可以避免的损失。

我曾数次见到这种情况的发生，所以有必要提醒企业高管，应该按

第 13 章 猎头的作用不限于招聘

照招聘项目的不同属性去选择招聘团队,重要岗位如果交由内部招聘团队执行,需要了解其中的风险。

在成熟的企业和市场,所发生的情况正好相反:雇主方的人力资源副总裁通常会在重要岗位的招聘中亲力亲为,全程跟进并把控招聘流程。有些情况下,因为项目的敏感性和保密性,雇主内部招聘团队成员甚至对招聘项目毫不知情。这对重要岗位的成功招聘通常很有助益,它保证了招聘过程中沟通的高效,雇主方对候选人的情况把握得更准确,避免了因信息层层传递而发生的误判。

某些案例中,核心高管岗位的招聘甚至可能会由企业 CEO 直接负责。坦率地说,我认为本该如此。每家企业都会大谈特谈人才的重要性,核心人才对企业往往起到战略性影响;既然如此,这些岗位的招聘由 CEO 直接负责合情合理。

但现实是,企业虽然承认人才的重要性,但涉及具体招聘时却又做不到选出最重要的招聘主管。这位最强招聘主管不是别人,正是 CEO。

另外,猎头顾问能为雇主企业创造潜在价值的地方,就是他能成为雇主品牌的推广者。猎头顾问与市场人才接触时要做的一项重要工作,就是把雇主企业推销给潜在候选人。他需要介绍企业状况、企业文化、企业表现等。优秀的猎头顾问能够成为一个很好的雇主品牌形象大使。在实际招聘过程中,猎头顾问接触的不止一位候选人,而是要跟大量行业内部人士沟通。这种沟通过程,正是对雇主企业品牌的一种宣传:猎头顾问如何描述企业,包括企业的领导风格和发展机会,这些信息都是对候选人群体的有效推荐。那些有招聘需求的高管,可以把握这种机会,在核心社群里传播和塑造企业品牌形象。

除了这些，猎头公司能够带来的利益与时间成本有关。在关键岗位的招聘中，往往项目持续时间较长，企业内部招聘团队承担这种项目时，还要同时兼顾大量初级、中级岗位的招聘业务，这无疑会让他们对高管招聘项目感到吃力。毕竟作为企业内部招聘人员，他们对外部资深候选人的接触机会并不多，有时是企业原因，致使他们无法与竞争对手公司的员工直接联系，如果不通过外部团队，招聘项目的时间会造成延误，这对企业是一种成本负担。雇主方可能节省了猎头顾问的花费，但如果把时间成本考虑在内，这种选择是否得当有待确认。

猎头顾问能够为企业提供的其他帮助，还包括保证招聘项目的私密性。我经历的一个案例中，雇主方要求对招聘项目严格保密，甚至直到最终候选人和雇主 CEO 见面前，都不能告知候选人雇主企业是谁。

当然，这是一个比较极端的案例，坦白说这并非合理要求，这种处理方式对候选人并不妥当，但这样的案例的确存在。在某些情况下，雇主方会要求猎头顾问去操作这种保密的招聘项目，其中的难度和敏感性可想而知：猎头顾问需要高超的沟通技巧和能力去驾驭整个招聘过程，以说服和推动候选人做出决策。这种招聘项目通过企业内部招聘主管顺利完成的难度极大。

由于保密原因，猎头顾问有时会应雇主企业的要求，针对某些特定人群进行摸底调查。摸底调查就是，当雇主企业有潜在的招聘需求，比如企业对某岗位的人事安排可能因某种原因做出调整，这种原因或是他们对现有岗位的员工表现不满意，或是现有岗位员工有可能有其他工作安排，但企业暂未做出最终决定，故而企业可能会安排针对潜在候选人群的摸底调查，目的是了解市场现有的人才状况。

摸底调查的目的是在行业里展开全景式调研，把市场上潜在的符合岗位需求的人选甄别出来，全面了解这些潜在人选的现雇主、现有岗位责任、行业口碑和工作经验，以及他们的能力和大致的待遇状况。

雇主通过这种摸底调查报告，对市场整体人才布局就能获得充分的了解。雇主可以根据报告信息考察现有内部岗位人选，以较为客观的评价标准决定下一步的人事安排计划。如此操作，可能会产生几种情况：通过市场调研，雇主认为内部现有岗位员工和行业现状相比存在较大差距，因此决定启动外部招聘；也可能经过比对，企业发现现有岗位在任者虽然尚未达到预期，但和外部选项相比仍有优势。此时，雇主可能决定不再进行外部招聘，而是进行内部人员培训或岗位职责调整。不管哪种情况，企业根据市场实际情况做出的人事安排，其准确性和效率都更高。

猎头顾问能扮演的另一个角色，是帮助陷入绝境的招聘项目走出困境。他们能够帮助企业挽救一些看似毫无希望的招聘项目。

以我的经验为例，我曾不止一次应客户要求接手濒死的招聘项目。通常客户在这种项目上已经投入了很长时间，有时甚至超过一年，雇主已经接触了行业里数量众多的潜在人选，甚至有的候选人已经收到了雇主方的工作邀约并签署了聘用意向书，但是很不幸，招聘项目因为某种原因，始终未能完成。

这种陷入僵局的招聘项目由猎头公司接手后，优秀的猎头顾问能令其起死回生。其中有几个原因：一是猎头顾问有更宽广的参照，他们的人才信息储备的数量和质量更加丰富和系统，因此可以提出一些创新的招聘思路；二是在这种困境下，雇主企业可能更有意愿考虑猎头顾问提出的不同招聘思路，跳出原有框架的招聘策略。

在某些情况下，除了招聘，猎头顾问也能根据雇主要求帮助企业解决裁员问题。有一种人力资源需求被称为再就业辅导，是指企业在特定情况下裁减岗位，并需要将岗位员工重新安置（主要是在企业外寻找工作机会）的行动。在成熟市场会有专门的机构对应这种企业需要，但是在很多情况下，比如企业所减员的是某个具体岗位，而非大幅度结构性裁员，这种情况下，企业有时会要求有稳定合作关系的猎头顾问帮忙。这对需要离职的员工也是种帮助，因为和猎头顾问的合作会增加这些员工找到外部机会的可能性，顺利实现岗位交替。

所以，从员工进入企业到最终离开，猎头顾问都有发挥作用的空间，都能够帮助企业顺利完成人事安排的变动。

总的来说，优秀的猎头顾问可以成为CEO的人力资源顾问。作为具备综合素质的顾问，他们在与候选人和雇主沟通时所提供的价值远远超过招聘本身。优秀的猎头顾问需要有很强的个人调节能力和综合素质，不仅需要通过较强的影响力与候选人和企业招聘者沟通，而且在不同方面可以扮演不同的角色：有时他们是高管教练，有时是外部导师，有时是职业顾问，等等。猎头顾问的角色绝不限于招聘顾问。

对CEO来讲，猎头顾问可能是他为数不多的倾诉对象。尤其是把他成功招聘进入某家企业的猎头顾问，往往扮演了这位高管的个人教练角色。因为作为新进入企业的高管，CEO很可能根本没有可以坦诚交流个人挑战和需求的倾诉对象。此时，猎头顾问也许是他们选择的重要沟通者。

我曾经数次经历过这种情况。

第 13 章 猎头的作用不限于招聘

在某个招聘项目中,我帮助某跨国健康品牌企业成功招到了中国分部的总裁,该高管到任后的半年多时间里,一直和我保持沟通,以解决新雇企业里遇到的问题,包括企业文化适应和企业结构的挑战等。此时,我的角色不再是猎头顾问,而是高管教练。任何一位 CEO 或职业高管,都可以借助猎头顾问的帮助,有意识地利用猎头顾问的行业经验和视野,获得职业发展建议。

猎头顾问往往能够促使企业暴露或审视人力资源方面存在的问题。每家企业情况各异,但很多企业通常存在某种盲点和惰性,当问题没有暴露或滋生时,当高层职位尚未发生人员流失时,企业可能并未对人力资源计划进行长期或系统的考虑。

当变故和意外发生时,就需要采取补救措施。而猎头顾问能够提供的帮助,可以促使客户全面检视企业人力资源方面的漏洞和风险,提早采取应对措施。通过类似摸底调查和与同行企业的比对等方式,检视内部的人力资源方案。

举例来说,一家有效经营的企业,在某个高管职位上可能目前有优秀的高管在任职,但如果该职位未来三五年内需要进行人员调整,那企业就应该提前规划和准备,包括对内部接任人选的筛选和考察,以及对外部人才的储备。企业需要做到知己知彼,像管理一家历史悠久的优秀足球俱乐部一样,除了培养内部青训人才梯队,也要不断考察外部潜在人选,以保证球队能长期处于人才充足的状态。当管理层发生人员变动不得不进行人员调整时,企业可以快速反应,与早已界定的内外部潜在人选沟通,而不是匆忙应对。高管招聘通常需要 6~8 个月时间,但如果企业对市场状况事先已有充分了解,往往可以快速完成招聘。

205

猎头的价值在于，帮助雇主企业进行持续性市场反馈，帮助客户建立人力资源的前瞻性，并促进企业内部对重要人事策略的拟定和沟通。除此之外，还有针对人力资源思路的开拓，跳出固有框架，从不同视角考察企业现状和人力资源策略。

以奢侈品行业在国内的发展为例，该行业刚进入国内市场时，那时中国作为世界上最大的奢侈品消费潜在市场，被很多跨国企业看好，人才需求非常旺盛。但是，作为在中国本土的新兴行业，该领域并没有充足的人才储备，此时的雇主企业面临两种选择：一是从海外市场引进有行业经验的高管，但企业对此需要承受一定风险，因为海外人才对中国市场缺乏了解；二是企业从中国市场的其他行业领域寻找合适人选，但企业必须接受候选人对本行业专业知识的欠缺。

在这种情况下，猎头顾问能够通过行业知识的积累，以及较为宽广的市场视野，帮助企业甄选具备合适匹配度的候选人。这种招聘是基于候选人技能的招聘，而非行业经验的招聘。

***

我和托妮在清水剧场聊天时，老韦独自下山和几位事先约好的经理候选人见面。晚餐只有我和托妮两人，她吃完晚饭便匆匆赶回房间，参加和制片方的电话会议，而我在餐厅独自享受老韦的拿手菜——马伦哥炖鸡。

猎头说

- 猎头顾问能为雇主企业创造的价值不限于招聘。顾问对某特定

第 13 章　猎头的作用不限于招聘

行业的长期专注而积累的行业信息、资讯能为雇主提供价值。
- 雇主人力资源总裁应该充分发挥猎头顾问的独特价值，定期与猎头顾问就人力资源和人才方面里话题进行探讨。
- 核心高管岗位的招聘理应由 CEO 直接负责。
- 猎头顾问也是雇主品牌的推广者，可以在核心社群里帮助企业传播和塑造品牌形象。
- 在某些情况下，猎头顾问能根据雇主要求帮助企业解决裁员问题。
- 优秀的猎头顾问可以成为 CEO 的人力资源顾问。新进入企业的 CEO 通常没有可以坦诚交流个人挑战和需求的倾诉对象，猎头顾问可能是重要沟通者。

第 14 章
每个 CEO 都应该成为猎头顾问

老韦的面试不太顺利，从山下回到隐修林后他一直闷闷不乐。我问他那些候选人为何不合适，他只是含糊地表示，他们可能习惯经营那些资源丰富的大型度假村，对岭这样的中心准备不足。听来听去，我听出来他是对候选人不满意的。

我在招聘工作中经常碰到这种情况，尤其是那些创业者，或者亲力亲为打造业务的职业经理人，在招聘时往往在挑选候选人阶段的评判标准过于苛刻，或者着重从个人经验去衡量，有点像父亲嫁女儿时对女婿的那种挑剔。

这不难理解。正因如此，我对老韦认为我可以作为他的继任者更觉得荣幸。我建议他应该请邹太和其他人一起面试候选人，参考一下其他面试官的意见，避免试图仅以自己的观点来界定继任者，提供一些允许继任者以自己的方式去运作的空间。老韦对我的意见不置可否，在招聘这件事上他显得非常固执。老韦告诉我，邹太请了一位建筑师，今天会到隐修林介绍茶室的设计方案，老韦说如果我有兴趣可以加入。

托妮没有到剧场吃早饭，我猜要么是昨天的电话会开到很晚，要么是会议进展不太顺利。我决定不去打扰她。邹太约请的那位建筑师很早

第 14 章　每个 CEO 都应该成为猎头顾问

就到了。这位年轻设计师名叫乔伊，来自加州，是第一次来隐修林，对这里的一切都充满了好奇。老韦有些急事要处理，便嘱咐我带乔伊到处看看。我带着设计师参观隐修林，介绍这里的情况，俨然像这里的一位老员工。

计划修建的茶室在山崖下的一块平坦处。在山上找块合适的地方修建这样一座建筑并不容易，不但要考虑安全性，比如雨季是否有洪水隐患，岩石坠落和土地结构是否适合建房等，而且新建筑也不能离其他建筑物太远，这些因素都要审慎考虑。乔伊带来一些工具，在现场做了简单的勘测，不断和老韦讨论着施工开始后可能要处理的情况。

看完现场后，我跟着设计师和老韦回到剧场，乔伊要给老韦介绍几个他准备的设计方案的构想。托妮坐在剧场里，眼圈发黑，无精打采地托着腮发呆，看起来显然睡眠不足。看到我们走进来，她起身准备离开。老韦邀请她留下一起听听茶室设计的介绍。因为人比较多，老韦请乔伊把笔记本电脑连接到剧场的投影仪上，这样所有人都能看到设计图。乔伊简要介绍了三组设计草案。大概乔伊比较内向，不善言辞，其实他的三组方案都很有想法，但是他磕磕巴巴地介绍很是枯燥，让我听着都有些替他着急。

老韦耐心地听乔伊介绍完设计方案，问我和托妮的想法。我们不约而同地都倾向于以日本茶室为设计灵感的方案，那个设计让茶室充分融合了周边的森林环境，也和隐修林现有的其他建筑物风格协调。老韦更喜欢以原住民的传统住宅为灵感的方案，那是一座半球形玻璃墙建筑，内部是沉降设计，以环形木阶梯通往底端的圆形中心平台。老韦喜欢的方案造价稍高，但他觉得这笔投资是值得的，也是对原住民文化的一种

211

致敬。托妮问乔伊的想法，建筑师老老实实地回答说他个人较喜欢我们都没相中的加州木屋风格的方案，但他并不打算说服我们。

老韦说他需要考虑一下，再和邹太等人商量确定。他叮嘱乔伊，根据今天的现场勘察和讨论，提供一些补充信息。

关于设计草案的辩论，让托妮打起了精神。散会后，她和乔伊聊起了关于设计的话题。大概因为设计师和电影导演找到了共通之处，他俩在剧场里找了几张纸，连涂带画地讨论个不停。我听不懂他们的谈话，也插不上嘴，于是带着宫本出门溜达。老韦这几天已经把部分巡场的工作交给了我，但不是随便看看，我需要写日志报告，作为隐修林的日常档案。

乔伊吃过午饭后便下山了。托妮还在纸上不停地勾画着，我以为她有点无聊，在打发时间画漫画。她告诉我，她是在画电影分镜图。她说这不是她的项目，只是帮一个朋友。托妮继续画着分镜图，我则走到剧场后面的房间，按邹太所说的方式打坐。

刚坐了几分钟，托妮便走进来，好奇地问我是不是在禅修。我告诉了她我跟邹太学习打坐的事，她说邹太也教过她，只是她没有坚持，时断时续，心情好时才坐一会儿。

我问托妮隐修林为何要专门修建一座茶室，清水剧场这个空间似乎已经够用了。托妮告诉我，现有的空间仅能承办小型活动，现在越来越多的本地人认识到正念和冥想的重要性，很多人开始对此感兴趣，隐修林希望能够提供专门的场地供客人进行团体静修活动，被称为"茶室"的新建筑主要是为了满足这些活动和相关群体的需求。

第 14 章　每个 CEO 都应该成为猎头顾问

托妮的解释让我感到有点意外，我一直以为西方人好动不好静，喜欢运动，对冥想这类活动兴趣不大，不过从这次来温哥华的经历来看，事实并非如此，关于灵性方面的书籍和活动都非常普及，对这些内容感兴趣的年轻人也不少。

托妮说隐修林以后计划邀请一些有师承的导师授课，系统地传授心灵法道，未来茶室将成为一间教室。

我告诉托妮，等我离开后肯定会持续关注隐修林的活动，我很确信未来我会再回来。托妮笑着揶揄道："我知道，我们还等着你接受隐修林经理的工作呢！"她问我什么时候要前往美国，我告诉她我打算后天离开。托妮问我关于猎头的内容是否已经讲完了，我想了想说，如果她还有兴趣听的话，还有两个话题我可以跟她分享。托妮马上点头道："当然有兴趣，听了这几天你分享的这些内容，我要重新修改一下原来的剧本，你给我的素材越多越好。"

她在路边坐下，打开背包取出两瓶水，把手机录音功能打开，告诉我随时可以开始讲述猎头的话题。我今天想说的主题是 CEO 们对高管招聘应该了解的内容。

***

说实话，我觉得每位 CEO 都应该成为一位优秀的猎头顾问。因为他们对企业人力资源的构建，尤其是管理架构的搭建，有着至关重要的影响。

但遗憾的是，我个人所经历的高管招聘过程中，经常发现 CEO 的作用没有得到有效发挥。这存在诸多原因，包括在招聘过程中 CEO 的参与程度不高，很多时候 CEO 只是在面试阶段作为最终面试官参与其中，不但面试时间有限，对整个招聘进程的了解也不足。我个人认为，在高管招聘时，CEO 可以发挥更多作用，而不限于流程的最后一步。

在每次招聘过程中，我反复听到企业的 CEO 说，人才是企业最核心的部分，让他们寝食难安的往往是企业在人才方面的挑战。既然如此，人力资源总裁们应该努力促使 CEO 更多、更深入地参与高管层面的招聘。人力资源副总裁和 CEO 都需要积极主动地去了解行业人才状况，不断审视企业内部结构，包括岗位在职者的现状。

如果企业想要取得竞争优势，那么对影响企业经营状况的高管们应该保持类似的跟踪观测，及时对人员做出必要调整。需要澄清的是，这里所说的调整，并非必然是裁员和外部招聘等行为，而是广义范畴的修正，其中包括了岗位定义、职责修改、轮岗、培训、评估等不同的内部举措。优秀企业的人力资源部门应该更加积极主动一些，而不是被动地制定策略。

我见过有些企业的 CEO 会在没有招聘需求的情况下，主动和外部企业或高管建立联系，并安排社交活动。这种安排，有时是出于企业刚进入国内市场的考虑，CEO 希望了解本地市场等现状。这种做法是比较明智的。

大多数情况下，招聘的发生基于某个职位的空缺，企业为了填补职位需求而不得不对外招聘，实际上这已经是个过时的概念。企业应该更主动地吸纳人才，促进更多人才加入企业。

几乎每个 CEO 都在谈论自家企业的人才短缺的状况，特别是在新兴市场，企业往往因为全面的人才竞争现实而面临人才危机。外企、民企和国企之间都有强烈的人才需求，在很多情况下，这些不同背景的企业都瞄准了同样的人才。新行业或新领域爆发的时候，因为没有足够的人才储备，企业只能从其他成熟行业招聘人才，这往往在短时间内对那些领域形成较大的冲击。

企业如果没有一个积极应对市场动态及变化的人才策略，即便暂时能顺利实现人力资源安排，却很难预料未来某时期可能会发生的人才短缺和变化。而核心位置的高管一旦发生连续流失，对企业带来的冲击将是巨大的，有些企业会因关键职位的人才流失，又没有充足的人才储备，后续梯队也不健全，导致业务滑坡、业绩衰退的恶性情况发生。

因为人才对企业如此关键，潜在的影响非常之大，这些相关影响不应该由企业人力资源负责人独自承担，而应该与 CEO 共同承担。作为企业的首席执行官，他们需要未雨绸缪，建立企业的人才战略，使企业有能力积极面对可能发生的挑战和变化。

***

托妮问："既然如此，为什么还有 CEO 不愿参与人才策略呢？"

我说："这个问题很好，为什么会出现这种情况？为什么 CEO 们在人才相关的讨论和行为中参与度不高？有一种可能性，就是外企因为其总部处于成熟市场，所面对的人才现状和新兴市场是有差异的。在成熟市场里，专业人员各司其职的情况比较普遍；而在新兴市场，企业 CEO 不能沿袭成熟市场的固有做法，需要更积极地参与企业人才策略的制定过程。如果盲目拷贝成熟市场操作，不管外企、民企还是其他类型的企业，所面临的风险都很大。"

***

回到这次分享的话题：为什么每个 CEO 都应该成为猎头顾问？我见到过一些反面案例，CEO 们因为缺乏对招聘的理解和经验，尽管参与了招聘流程，却给招聘项目带来了不必要的风险。在有些案例中，我曾经见过 CEO 在招聘项目中，因为不了解招聘流程，或者信息点没有把握好，导致所传递的信息让候选人产生了疑问。这也从反面证明了每个 CEO 都应该成为猎头顾问的必要性。

招聘过程如同在大海中航行，充满了不确定性和意想不到的变数。猎头顾问作为职业从业者，知道如何掌控和应对不确定性，在不确定的情况下继续前进。如果候选人对某一话题存在疑虑，猎头顾问选择的沟通角度会事先考虑候选人的忧虑，他们会事先选择比较讨巧的方式跟候选人沟通，避免直接刺激。而那些在招聘方面经验和技巧不足的 CEO，可能因为对其中的轻重缓急缺乏了解，或者因为最后时刻被要求参与面试，以及对岗位的具体要求不明确，反而会制造出一些麻烦。

要解决这种问题，一方面人力资源副总裁和猎头顾问要为 CEO 进行充分的项目介绍，包括流程和现状，但更为关键的是 CEO 们需要在面试过程中真正展示自己作为决策者的影响力。

有的 CEO 的确不喜欢在招聘上投入时间，但是，就像刚才讨论的，这样的态度对企业运营本身就是一种风险。如果 CEO 愿意更多地介入高管人才的引进，比如更早介入招聘流程，他们对项目中候选人心态的把握会更准确。作为面试官，他们在招聘流程中的影响力会更明显。

其实，作为领导者，很多 CEO 都有其独特的个人魅力，他们对企业和行业的观察视野更宽广，对所招聘岗位的理解和描述往往具有独特洞见，和人力资源部门的视角颇为不同。在招聘业务部门高管时，比如营销、新业务拓展或销售高管，人力资源主管和 CEO 对于讨论的角度和侧重点颇为不同：和 CEO 的讨论会更加侧重于经营和商业角度，因为很多 CEO 本身就是业务部门出身，面试的视角、内容更全面，这对候选人来说，更容易产生共鸣和影响力。

CEO 应该尽早介入高管招聘，他们应该在招聘项目交给猎头公司之前就参与目标岗位的描述和界定，他们也应该参加与猎头顾问的招聘项目启动简报。

CEO 的早期介入会大大提高招聘的效率，如果和优秀猎头顾问合作，CEO 参与的项目也能从中受益，可以提前化解很多企业的潜在危机。比如，CEO 可以跟人力资源主管讨论确定企业需要和哪些猎头公司保持合作，并尽量维持跟这些猎头公司的长期合作关系，促使猎头顾问主动为企业提供市场信息，并保持积极沟通。当这些沟通有序进行时，作为企业经营者，CEO 能够主动获取实时动态人才信息，并能够有效避免企业潜在的招聘危机。

但现实情况是，在高管招聘项目中，CEO 很少参与项目启动时人力资源部门和猎头顾问的项目简报，这导致高管招聘后期出现诸多困难，因为人力资源部门主管变成了招聘项目的传声筒，他们经常需要通过揣摩目标职位主管的想法来确认招聘需求，然后告知猎头顾问；而有经验的人力资源主管则会在项目启动时便尽力让 CEO 介入，以避免招聘发生方向性的大调整。

不论是猎头顾问团队还是企业内部招聘部门，对于整个招聘团队来说，高管招聘项目里最糟糕的事就是中途改变招聘方向，迫使项目重回原点,一切不得不重新开始。这对招聘团队的士气是个极大的打击,会使招聘过程失去节奏和掌控力。

另外,很重要的一点是,CEO需要学会如何给人力资源部门配备资源。和其他业务部门相比,在很多企业里,人力资源部门的角色并没有被充分重视,他们的资源、预算或科技手段等硬件方面的投入都比较欠缺。坦率地说,高管招聘里经常出现不匹配的尴尬情况:优秀的招聘顾问和一流候选人被迫跟雇主机构里相对薄弱的团队进行沟通,导致中途掉链子的事情经常发生。奇怪的是,这种情况反而在民企中比较少见。民营企业在高管招聘时,CEO通常会到场。大概因为作为创始人和主要经营者,他们更愿意事无巨细地介入。

回到今天的核心话题:每个CEO都应该成为猎头顾问。也就是说,CEO需要了解如何从市场上吸纳和招聘优秀人才,需要知道有哪些招聘技巧,在招聘流程里哪些环节是关键点,怎么去跟招聘公司合作,有哪些事情最好交给人力资源主管去做,而哪些事情绝对要亲自去抓。

CEO愿意参与高管招聘,也可采用高效的形式参与。比如,他们可以跟所有进入最终阶段的候选者简短地打个招呼,不需要全程参与面试,只是跟他们握个手,感谢对方愿意考虑企业提供的机会,这对候选人的心理可能会产生重要影响。

***

今天讲述的内容好像对托妮不太有吸引力,她看起来似乎有点走神。听到晚餐的钟声,我就匆匆结束了今天的谈话。

我们回到剧场的时候,老韦已准备了英国风味的晚餐,他和我简单

第 14 章 每个 CEO 都应该成为猎头顾问

交谈后便去办公室处理邮件了。托妮需要完成她的分镜头图，没有在剧场停留，带了份晚餐回房间工作。剧场只剩下我。伴着蓝调炉火，我独自享受着晚餐，心里则漫无目的地想些有的没的的杂事。看到还有剩余的晚餐，我打包了一些带回森林小屋，准备当夜宵。

猎头说

- CEO 应是企业首席负责人和首席人才官。
- 企业仅仅为了填补职位空缺而招聘，实际是一种过时的认知。
- 如果 CEO 能较早介入招聘过程，他们会对候选人心态的把握更为准确，在招聘中发挥的影响力会更突出。
- CEO 需要学会如何为人力资源部门配备资源。

第15章
上任头90天的关键期

晚上我收到俄勒冈州的朋友黎明发来的邮件，他询问我的旅行计划。黎明说他的公司有个限量版产品将在节后正式全球发售，他很快就要去东京为产品上市打前站，黎明希望我能尽快赶到波特兰。我算了一下日程，如果打算在西雅图逗留，那么我必须尽快动身。

第二天吃早饭的时候，我告诉老韦和托妮，我打算明天离开这里，继续我的行程，前往美国。老韦告诉我下午有几位修行者来访，如果有时间，他想晚餐时介绍我给他们认识。我立即答应了，我很好奇，也想见见这些北美的修行者。

托妮劝我多住几日再走。我告诉托妮，我肯定很快会再回到这里，到波特兰后我会跟黎明介绍她的电影项目，问他是否可以推荐制作人。出乎意料，托妮却告诉我她决定暂时搁置电影项目，她准备去墨西哥的尤卡坦半岛旅行一段时间。我问她是否去那里度假，她否认，说并没有具体计划，准备先到那里再说——这听起来很像她的风格。我把我的电子邮件和中国的手机号码留给托妮，告诉她如果有需要帮忙的地方，可以随时联系我。托妮说她本来想在我下山前把猎头的采访文字稿给我，但是我要提前离开，她只能迟些整理好再发给我。我告诉托妮完全不着急，我跟她说的那些本来就是供她参考的内容。

我追问她那个有关猎头的剧本《雨巫》的进展，问她是否仍然会坚持写完。老实说我有点担心，她是否会因为那些猎头话题过于枯燥，以及接下来的旅行而改变初衷。

托妮说她还是会继续写的，她说我分享的那些猎头行业的经历，让她有了一些新想法，她打算重写那个故事，可能会在墨西哥完成终稿。

托妮问我是否还有没来得及分享的猎头话题，我说只剩下一个关于上岗之后的话题，严格意义上不属于猎头的内容，但是因为我觉得这是企业和候选人应该提前了解的信息，也和高管招聘领域相关，所以值得分享，托妮催我赶快讲讲。

***

今天讨论的话题叫作"上任头90天"。之所以谈到这个话题，是因为我们完成招聘后，经常会从雇主方收到关于候选人到岗后表现的反馈，包括雇主方会对员工上岗后的情况提出评价，和猎头顾问沟通高管上任后的表现，有时雇主方也会希望从猎头顾问的角度了解高管到任后的感受和反馈。

不管直接还是间接，猎头顾问总会看到候选人在入职后的如鱼得水或水土不服。作为旁观者，他们对高管入职后的表现比较关注，也比较有发言权，因为他们毕竟深度参与了候选人加入企业前的全流程。在我的个人经历中，曾经听到很多高管对入职后的前三个月的经历很有感触，感到颇具挑战，也有人在入职后严重怀疑自己加入企业的决定是否正确。

入职后头 90 天的话题已经在高管招聘中引起了不少关注，有的企业的说法是入职后的 100 天。不管是 90 天还是 100 天，它描述的都是新入职的高管在进入企业后的开局阶段。开局的表现可能直接影响该高管在企业的长期表现。

影响因素很多，其中有人是因为应对转化的经验不足，准备不够充分；值得探讨的首要一点是应对变化的能力。对于上任头 90 天来说，这是非常关键的能力，也是很多高管在上岗初期遭遇挑战的核心原因。

有些高管在原企业表现突出，在机构内部的认可度和口碑也很好，跳槽后却出现了问题。很多问题出自高管应对变化欠缺经验。这是一种高管必须发展的核心技能。从长期角度来看，无论高管跳槽与否，这种技能都是必备的核心能力，应该予以重视并着力培养。

应对变化的能力直接影响到高管的职业生涯，甚至是整个人生。加入新企业后的头 90 天，如果高管有足够的技巧应对变化，若能帮助他们顺利应对转岗后的内外部压力，以及管理职位相关群体的预期，就能让适应过程变得平稳顺利。

通常来说，对那些跳槽经验较少，长期在一家企业工作的员工来说，当他们突然离职加入新企业却缺乏转化的能力，跳槽的风险往往会被放大。

***

托妮问："我有个问题，跳槽经验不多的人，如何在日常工作中培养应变能力？"

我回答道："这种应变能力被称为弹性，也有人称之为复原力。美国心理学会（APA）将其定义为个人面对逆境、创伤、悲剧、威胁或其他重大压力的良好适应过程，也就是对困难经历的反弹能力。"

仅仅从定义上便可以理解这种能力对每个人在生命中的重要作用，没有人的人生是无须面对逆境挫折和压力的。这种能力可以通过多种途径去培养，企业高管无须通过跳槽去提升自己的适应能力，他们可以在现有企业中主动要求承担新职位、新项目的职责，有意识地把自己放在一个纯粹、变化的状态中，持续性地面对变化和新的挑战；主动承担企业新产品战略、新市场开发或新业务拓展方面的工作，让自己习惯面对变化，不断打破自己的舒适圈。

这种小规模的变化和转变经历，会帮助高管建立一种习惯，去发展个人应变能力。这种能力对有些人来说是与生俱来的，而对大部分人来说是需要后天发展的。这类似于运动员长期训练所形成的肌肉记忆。所谓肌肉记忆，是指肌肉具有的记忆效应。当同一种动作重复多次之后，肌肉就会形成条件反射。人体肌肉获得记忆的速度十分缓慢，不过一旦达到某种记忆水平，其遗忘的速度也十分缓慢。

应变能力这块"肌肉"需要专门的训练，而且越早开始训练越好。企业和职业的发展充满变数，这种能力是基本的职场生存技能。我们经常讲的适应能力和复原力，就像弹簧在压力下可以恢复。适应能力和复原力是判断一位高管是否优秀的重要指标。缺乏应变能力，高管的其他技能和经验都难以展现。

应变能力包含了一个重要元素，即学习能力。应变通常需要承受内外部压力。高管调换工作，进入新的企业，有很多需要学习和适应的地方，同时需要尽快交付实实在在的业绩，这些都需要其强大的抗压能力。入职新东家头 90 天能否顺利通过适应期，在很大程度上取决于高管的学习能力。

当进入一条不同的河流中，水流的速度和温度等各方面指标都与以往有所不同，如果高管没有快速学习和适应的能力，刚入职的过渡期的表现通常比较糟糕，会遭遇诸多困难。以我的观察，那些头 90 天顺利完成过渡的高管们，往往都是那些学习能力较为突出的人。对雇主企业来说，新到任高管的蜜月期很短。头 90 天对新上任的高管来说如同蜜月期，蜜月期结束后一切都将进入常态，那些没有及时解决的问题会逐一显现。

***

托妮问："除了学习和适应能力，还需要强化什么能力？是否要有开放、乐观的心态？"

我说："开放和乐观的心态当然有所帮助，但并非关键。那些在头 90 天能顺利完成过渡的高管，通常在换岗跳槽前就已经在有意识地培养并具备了充足的应变能力。就像消防员不可能等火灾发生时才开始学习灭火，这些基本技能需要提前准备，当情况发生时，可以即时发挥功效。从实际操作角度来说，或许进入新企业的高管，可以把头 90 天拆分为三个 30 天来应对。"

托妮说："哈，这就像写剧本！电影剧本通常采用三幕式结构：第一幕介绍角色和人物，即主人公和角色任务；第二幕呈现角色性格和关系，挑战出现；第三幕则是高潮，主人公经历各种挫折，最终完成使命，完成角色的发展曲线。"

第 15 章 上任头 90 天的关键期

我说:"的确有点类似,我们应该合写一部关于上任头 90 天的脚本。对新加入雇主企业的高管来说,进入企业的第一阶段是他们向同僚及上下级介绍自己,并定义工作目标;第二阶段是他们与新同事开展初期互动的时期,彼此熟悉并尝试建立合作,通常高管们也开始了解该职位所面临的主要挑战;第三阶段是他们需要完成在新雇主企业的初步立足。"

***

90 天的时间很短,如果高管没有完整的计划,蜜月期会很快结束。那些有跳槽经验的人都知道,一旦高管进入新公司,如果没有事先主动准备的行动计划,头 90 天的进程可能如脱缰的野马,根本无法驾驭——当然,如果高管试图证明自己的话。

第二次世界大战时期,盟军统帅艾森豪威尔有句广为人知的名言:"计划不重要,但做计划至关重要。"这句话貌似悖论,却道出了取胜的关键。然而,实际情况却往往是颠倒的:高管在进入新企业时很快要担任救火队长,面对各种突发情况,因为有些岗位在招聘结束前已经空置多时了,积压的问题可想而知。

当高管接受职位时,企业没有等待和磨合的时间,所谓的蜜月期也并不甜美。高管上岗后需要马上进入战斗状态。虽然准备好了头 90 天的个人计划,但入职后却发现战场情况与预期完全不符。即便如此,制订个人计划仍然非常重要。实际上,很多高管没有计划就匆忙加入新企业,从入职第一天开始就不得不面对各种突发状况并需要做出应对,这些都让他们的工作变得极为被动。

高管到新的工作岗位上任前,应该有备而来。面对突发情况需要不断对照和提醒自己头90天的目标，反复检视工作重点。头90天结束后，新雇主的同僚和上下级都会对新任职的高管形成某种印象。需要注意的是，这种印象并非从第91天才开始建立的，而是一个累积的过程。高管们需要利用头90天去塑造良好的印象。

头90天里，刚进入新雇主企业的高管需要学习和倾听，包括学习新雇主企业的财务状况，了解产品、销售渠道、客户、储运和人力资源等各种信息。这种学习需要主动甚至见缝插针地进行，因为高管很多时候在新雇主企业并没有专门的培训时间供自己去了解和掌握公司的真实情况，而是希望他们能够在上任后立刻进入角色，无缝衔接新公司的工作。因此，高管的快速学习能力在这头90天里就显得尤为重要。

除此之外，头90天里请注意保持倾听的习惯。想象你新加入一支球队，需要快速了解队友和教练，与他们建立初步沟通。他们对你是谁、你的特长是什么都不了解，你们彼此间亟需建立初步信任。刚进入企业时，有些高管犯的一个大错就是没有摸清队友的情况：在雇主企业中没能正确理解自己的岗位，也不清楚哪些人是核心人物。比如，我曾看到有位高管走马上任中国区总经理后，立刻开始大刀阔斧地修改产品线和业务策略，由于跟亚太区的总裁之间缺乏沟通，导致该高管开局不顺，结果不到三年就不得不离开企业。

另外，在头90天里，很关键的一点是排列事务的优先级，分出轻重缓急。高管的工作日程通常非常繁忙和紧凑，有个工作排序会很有帮助，也十分必要。否则，当突发状况出现，高管急忙应对处理，效率自然不会很高。

新官上任，高管需要重视的另一个方面是内部沟通。沟通获取的参照点能帮助高管确认工作事务的优先级。有些情况下，CEO 对新加入企业的高管之所以感到失望，并不是因为高管没有积极做事，而是认为这些新人在非重要议程上投入过多。也就是说，CEO 和新到任的高管之间的沟通出现了问题。

我曾经见过一个案例，当一位高管新加入企业后，花了很多时间去开发新的业务渠道，因为他认为公司始终是以业绩为导向的，没有业绩表现，其他的都是空话。但是，我和该企业的亚洲区人力资源主管沟通过，发现该企业领导层对这名高管的表现非常不满，因为领导层认为中国公司面临的首要问题是团队和人员发展，他们希望这位高管投入更多时间去处理企业内部的人员问题。这就是双方在沟通上出现了问题。

高管必须确认工作安排与企业策略及领导层意见保持一致，不要陷入自我假设的臆想之中。工作排序非常重要，高管的日常工作千头万绪，都需要精力和时间投入，所以合理排序可以大幅提升工作效率。

除了这些，高管们还需要记得，来到新雇主企业后，自己的个人品牌需要重新传播和沟通，这就需要高管专门投入精力去传播自己的个人品牌价值。

这种情况有点像某个外国品牌进入一个新兴市场，它需要和一批全新的目标受众建立关系。这种情况并非该品牌缺乏定位，或者没有品牌核心价值，而是说当面对一个新的受众群体时，需要投入时间去传播和塑造品牌认知。

这个传播和重塑的过程有两个重点：其一，从职业生涯角度来看，高管们希望个人品牌有延续性，而并非到新雇主企业后推翻重来，这对高管们来说代价太大，会导致品牌缺乏连贯性；其二，高管需要让新雇主企业的受众，包括上级主管、同僚和下属了解自己，知道哪方面能对这些受众提供潜在帮助。

那些在新雇主机构过渡相对顺利的高管们，通常能较快地建立个人品牌，用通俗的话说，就是很快打开了局面。所谓打开局面，并不一定是新到任的高管很快便创造了销售业绩，很多时候并非如此。坦白地说，在90天内创造全新的业务纪录难度很大，激进地进取会对高管个人和企业带来难以预测的风险。

关于头90天的经验，很多CEO甚至告诫高管避免在这期间做出全新的业务决定，他们应该尽量少做决策，专心学习和倾听。当然，这种什么都不需要做的"奢侈操作"可能仅仅存在于大企业，因为他们的工作通常会在组织系统内产生巨大影响。有些企业新到任的高管，在90天里是必须做重大决策的，正所谓"新官上任三把火"，问题是这三把火如果烧的方向不对，接下来企业可能要面对灭顶之灾。

还有些高管上岗后，为了展示个人能力，会迫不及待地实施改革，甚至为改而改，急于留下个人印迹，高调甚至彻底地推翻前任的工作，以彰显自己跟前任的不同。这种做法风险极大，比如对团队士气的影响，虽然前任主管已经离开，但是员工们仍然在职，其中可能有些员工参与了过往业务策略的制定，如果没有充分了解背景便草率地全面推翻之前的业务策略，绝非明智之举。

所以，上任头90天的关键是确定工作排序，注意倾听，拟订工作计划并每30天做复盘和修正，以及伺机传播和确立个人品牌。总而言之，在这期间要充分发挥应变和学习能力。

除此之外，不要忘记把你带入新雇主的那个人——猎头顾问在高管上岗后可以继续发挥作用。首先，当候选人进入企业后，猎头顾问仍然会与客户方保持密切联系，他们可以及时为入职后的高管提供来自雇主方的反馈。有些情况下，人力资源部门会希望通过猎头顾问作为第三方来传递某些反馈。优秀且负责的猎头顾问很乐意扮演这个角色，因为他们可以回顾整个招聘过程，了解招聘过程中是否有误判和忽视之处，这种复盘对操作今后的招聘项目大有帮助。其次，他们也希望继续和上岗的候选人保持联系，对客户企业的情况继续追踪和了解。高管们也可以利用猎头顾问的独特角色，向雇主传递某些特殊的信息。

举例来说，高管加入企业后，却发现雇主之前的承诺没有兑现，或者高管上岗后发现有些情况跟招聘中了解的信息不符，这些情况高管们既可以与企业直接交流，也可以通过猎头顾问作为媒介去沟通。

沟通渠道的不同会对受众产生不同的影响。在职员工提供的信息和通过猎头顾问收集的信息，企业可能会有不同的应对方式。这就是第三方渠道的价值。

猎头说

- 影响新入职高管在上任头 90 天表现的因素很多，值得探讨的是应对变化的能力。
- 高管入职新企业的头 90 天是对其学习能力和应变能力的考察和检验。
- 制订个人计划非常重要，因为很多实际发生的情况通常是高管缺乏计划导致的表现不佳。

- 上任头 90 天里，新高管需要学习和保持倾听的习惯。
- 上任头 90 天里要注意排列事务的轻重缓急。
- 高管需要重视企业内部沟通。
- 来到新雇主企业，个人品牌需要重新传播和沟通，这需要投入精力传播个人品牌。
- 猎头顾问在高管上岗后可以继续发挥作用。利用好猎头顾问的独特角色，向雇主传递一些特殊信息。

结 语

离开隐修林的时刻终于到了。早上托妮驾车送我下山去机场。离开前我特意到老韦的办公室向他告别。他送给我一根雪松条,老韦说这里随时欢迎我回来。我离开的时间很早,以为访客们都没起床,老韦却告诉我邹太和那些客人早已起来,正在清水剧场坐禅。我不想打扰他们,便请老韦代我向邹太和他的朋友们道别。

走出老韦的办公室,我下意识地抬头望向清水剧场:高大松林一侧的清水舞台悬空挺立,一缕轻烟袅袅地从舞台上空飘逸而过,湿漉漉的清新空气沁人心脾,不知名的鸟儿在枝头跳跃欢叫。我驻足深深地吸了一口清凉的空气,试图把这里的一切尽可能留在心里,却突然好像听到了邹太的提醒:"不管什么念头升起,无论念头是好是坏,觉知就好了。"

前往机场的路上,托妮告诉我,她很快也将离开隐修林去墨西哥旅行,她说她和那位曾在隐修林工作的墨西哥义工一直有联系,她会前往乌诗玛尔住一段时间。托妮说那是尤卡坦半岛的一座古城,有著名的玛雅遗址。我问托妮会在那里住多久,她摇头说不知道,她说只买了单程票,归期未定。"我喜欢乌诗玛尔,有种似曾相识的感觉,谁知道呢,说不定我曾经是个玛雅巫医。"托妮边开玩笑边胡乱调着收音机频道，车内响起奔放的墨西哥流浪音乐。我觉得她说的不是没有可能。古代美洲原住民传统中讲故事可是个重要工作，部落的文化、宗教、历史，很多都是通过故事传播和传承下来的，所以讲故事的工作通常由巫师（过去巫医不分，甚至有些还有僧侣角色）来完成的。

欢快的墨西哥吟唱在绵延的雪山中回荡，乔治亚峡湾在晨光中宁静如镜。我突然有种感觉，我在隐修林遇到的这些人，包括托妮、老韦、邹太和其他人，似乎有一个共同点：我不知道"无畏"这个词是否可以贴切地描述这个特征，但和很多人不同，他们似乎没有那么多忧虑和担心，倒不是他们的生活一帆风顺、无忧无虑，而是当问题出现时，他们就去处理，之后便不再牵挂。我暗自希望自己和我所遇到的人们，不管是候选人、客户还是其他有缘的人们，都能有这样的生活态度。

"你讲的那些猎头的事情，等我整理好了发给你，我觉得你应该把那些经验分享给更多的人。"托妮突然说，远处一艘白色客轮刚刚驶入马蹄湾码头。"为什么不？"我心不在焉地点点头，心里拿不准这是否是个好主意。

我和托妮在车里的对话一直在我脑海中萦绕，回国后，我跟她和老韦分别讨论了这个想法，他们一致表示支持。托妮说她正在墨西哥写一部新剧，等她写完了要我提些建议。于是，在老韦和托妮的支持下，我最终决定把这些在雪山密林中关于猎头的杂谈写下来。如果有人对书里的某些内容感到好奇，哪怕仅有一人从只言片语中受到启发、有所收获，我也心满意足了。

2024 年　完稿于惠斯勒雪山

北京阅想时代文化发展有限责任公司为中国人民大学出版社有限公司下属的商业新知事业部，致力于经管类优秀出版物（外版书为主）的策划及出版，主要涉及经济管理、金融、投资理财、心理学、成功励志、生活等出版领域，下设"阅想·商业""阅想·财富""阅想·新知""阅想·心理""阅想·生活"以及"阅想·人文"等多条产品线，致力于为国内商业人士提供涵盖先进、前沿的管理理念和思想的专业类图书和趋势类图书，同时也为满足商业人士的内心诉求，打造一系列提倡心理和生活健康的心理学图书和生活管理类图书。

《MBTI教练法》

- 作者将广受欢迎的MBTI人格测评工具应用到教练的日常实践当中，通过生动的实践案例，很好地回答了许多教练在使用人格类型问卷时所面临的诸多困惑。
- 融合心理学和管理学的经典理论，列举职场中熟悉的情境和案例，助力企业打造高绩效团队。

《高绩效团队教练(实战篇)》

- 教练大师彼得·霍金斯所著《高绩效团队教练(第2版)》的配套案例集。
- 书中大量的案例研究是众多的团队领导者和团队外部教练共同写作完成的,所选案例来自不同的国家和地区,如澳大利亚、芬兰、加拿大、英国及欧洲大陆等。
- 这些案例短小精悍,涉及诸多领域,包括专业服务、医药、健康服务、航空、建筑、金融、地方政府等。

《高绩效工作教练与辅导:优化个人和组织绩效的刻意练习(第2版)》

- 教练就像一面镜子,帮助个人或组织认清自己的位置和状态。
- 向内挖掘潜能,向外发现可能性,进而不断自我优化。